HEYNE
BÜCHER

W0235622

ELYESA BAZNA

ICH WAR CICERO

*Der größte Spion des II. Weltkrieges erzählt
seine Abenteuer*

Aufgezeichnet von Hans Nogly

WILHELM HEYNE VERLAG
MÜNCHEN

HEYNE-BUCH Nr. 5272
im Wilhelm Heyne Verlag, München

Genehmigte, ungekürzte Taschenbuchausgabe
Copyright © 1964 by Lichtenberg Verlag GmbH, München
Printed in Germany 1976
Umschlagfoto: Dell Distributing, New York
Umschlaggestaltung: Atelier Heinrichs, München
Druck: Ebner, Ulm

ISBN 3-453-00613-5

INHALT

1

Ein Vermögen unter dem Teppich

Meine Lebensgier war unersättlich. Ich befand mich auf dem Höhepunkt, aber ich wußte es nicht. Ich wollte mehr, immer mehr! Genuß, Geld, geheime Macht.

Manchmal versank ich in Sentimentalität und berauschte mich an Idealen. Dann hielt ich mich für anständig und liebenswert. Manchmal war ich bitter und ehrlich, dann half mir nur Zynismus.

Unter dem Teppich meines Dienstbotenzimmers in der britischen Botschaft in Ankara lag ein Vermögen: Geldscheine, flach ausgebreitet, die einen Wert von 300 000 Pfund Sterling darstellten. Der Lohn für meine Taten. Es gab mir ein Gefühl von höchstem Triumph, darüber hinzuschreiten, in der devoten Haltung eines treuen Dieners meines Herrn, Seiner Exzellenz des britischen Botschafters Sir Hughe Knatchbull-Hugessen.

Ich war verheiratet und hatte vier Kinder, aber ich liebte ein Mädchen namens Esra, wie ich zuvor ein anderes namens Mara geliebt hatte und später ein nächstes liebte, das Duriet hieß. Meine Frau lebte mit den Kindern in Istanbul. Ich schickte ihr Geld und zwang mich, nie an sie zu denken, bis ich sie vergaß. Ich war gemein, und es machte mir nichts aus. Ich lebte in einem Rausch.

Es war schön, Wunschträume zu erfüllen, sowohl mir als auch anderen.

Esra träumte von einem Kleid, hübsch und kostbar. Mich kostete es einen Griff unter den Teppich.

Der Tag war kalt und klar. Ich verließ das Botschaftsgebäude durch den Personal- und Lieferanteneingang an der Ahmet-Agaoglu-Straße. Ich haßte es, diese Hintertür benützen zu müssen. Ich war reicher als die meisten derjenigen, die in prächtigen Wagen beim Hauptportal vorfuhren.

Ich ging den Hügel hinab, an dessen Hang die Botschaft liegt. Am Ende der Cankaya Caddesi nahm ich ein Taxi. Es war für mich gefährlich, in einem Taxi gesehen zu werden. Der offizielle Lohn, den ein britischer Botschafter seinem türkischen Kammerdiener zu zahlen pflegt, läßt einen solchen Luxus nicht zu.

»Zum ABC«, rief ich dem Chauffeur zu.

Es bereitete mir besondere Genugtuung, mich in den Sitz zurückzulehnen. Sogar das Klappern des alten Wagens genoß ich. Türkische Taxis sind eine Auswahl der sehenswertesten Exemplare amerikanischer und englischer Autofriedhöfe. An den Innenseiten fehlen Türgriffe und Fensterkurbeln; jede Scheibe hat einen Sprung, und die Zähluhren sind kaputt. Der Fahrgast muß den Preis vorher aushandeln, oder er wird betrogen.

Ich hielt das Geld für die Fahrt bis zum ABC bereit. Ich kannte den Preis. Denn ich war selbst zu lange Taxichauffeur gewesen.

Das ABC ist eines der elegantesten Modegeschäfte am Atatürk Bulvar. Herren- und Damenartikel, Kleider, Mäntel, Anzüge, Maßwäsche ... Hätte mich ein Angehöriger der britischen Botschaft gesehen, wäre es um mich geschehen gewesen. Wieso konnte ich es mir leisten, Kunde dieses Luxusgeschäftes zu sein? Sie wußten seit langem, daß sie einen Verräter in der Botschaft hatten. Aber sie ahnten nicht, daß gerade ich dieser Verräter war. Ich war davon besessen, mit der Gefahr zu spielen.

Als ich den Laden betrat, sah ich Moyzisch.

Er war der Mann, der mir während der letzten Monate all das Geld gegeben hatte, das jetzt unter meinem Teppich lag.

Sein Gesicht war ausdruckslos. Ich war für ihn Luft. Aber in seinen Augen las ich, daß er mich in diesem Moment zum Teufel wünschte und meinen Leichtsinn verfluchte.

Es war mir egal. Ich sah nur die Frau in seiner Begleitung.

Sie hatte lange, wundervolle Beine, Hüften voller Schwung, eine schmale Taille. Ihr dunkelblondes Haar fiel weich auf ihre Schultern. Ich starrte sie an. In ihrem Rücken mußte sie meine Blicke gefühlt haben, denn sie wurde unruhig, wandte sich um. Moyzisch, der Mann, dem ich alles, was ich verriet, aushändigte, preßte die Lippen zusammen. Ich beachtete ihn gar nicht.

Ich weiß, daß ich häßlich bin. Meine Figur ist gedrungen. Ich habe eine klobige Nase, zu starke Augenbrauen. Mein Haar begann sich schon damals zu lichten. Bei Frauen habe ich kein leichtes Spiel. Ich wirke bäurisch und auf den ersten Blick unbeholfen. Meine Augen sind stechend. So ging es mir immer: Nie ist mir etwas in den Schoß gefallen. Ich mußte mich stets bemühen.

Es ist meine Stimme, die mir hilft. Eine geschulte Baritonstimme, am Konservatorium ausgebildet. Ich bin als Sänger aufgetreten – in Istanbul und in Ankara. Ich singe Arien von Verdi, Lieder von Schubert, von Grieg, von Schumann. Meine Stimme ist einschmeichelnd und voller Kraft.

Ich lächelte, als mich die Frau ansah, die sich in dem Laden offenkundig nicht zurechtfand.

Ich sagte auf französisch: »Wenn ich mich Ihnen als Dolmetscher anbieten darf, Madame?«

Ich wartete keine Antwort ab. Ich hatte ihre Augen gesehen: Sie waren graugrün, voller Unruhe. Durch ihr sanftes Gesicht ging ein Zucken wie eine heimliche Angst. Sie war hübsch. Anfang Zwanzig. Etwas Hektisches ging von ihr aus, etwas, das mich reizte.

Ich sagte auf türkisch zu der Verkäuferin: »Madame wünscht, soviel ich verstanden habe, Unterwäsche . . .«

Ich lächelte die Fremde an: »Die Verkäuferin wird Ihnen gleich Wäsche vorlegen. Wenn Sie mir die Maße angeben wollen, Madame?«

Sie geriet in leichte Verlegenheit, die mich amüsierte. Moyzisch hielt sich stumm im Hintergrund. Er war ein enger Mitarbeiter des deutschen Botschafters Franz von Papen. Er nannte sich zwar Handelsattaché, aber ich wußte, wer er wirklich war.

Die junge Frau verlor ihre Nervosität. Sie lachte, und wir machten uns gemeinsam an die Auswahl von Damenwäsche.

»Madame, ich demonstriere!« sagte ich großartig und hielt mir eine Kombination gegen Schulter und Hüfte. »Überzeugen Sie sich bitte von Qualität und Sitz!«

Sie bedankte sich sehr für meine Hilfe.

»Sie sind Deutsche?« fragte ich.

»Ja.«

»Ich hoffe, es gefällt Ihnen in Ankara.«

»Ich fühle mich hier sehr wohl . . .«

Wir redeten Nichtigkeiten und hatten unseren Spaß an der Situation.

Ich wußte damals nicht, daß ich diese Frau nur ein einziges Mal in meinem Leben sehen sollte. Ich wußte auch nicht, daß sie meine größte Feindin war, die mich seit Monaten verfolgte und suchte und die ihrerseits doch nicht erkannte, daß sie in diesem Augenblick dem Mann gegenüberstand, den sie vernichten wollte.

Wir waren uns fremd und lachten miteinander. Es waren unsere Schatten, die einander schon seit Monaten haßten und bekämpften.

Ich war Cicero, der Spion, und sie war die Agentin des amerikanischen Geheimdienstes, die mich zur Strecke bringen sollte.

Sie wußte nicht, daß mein Name in Wirklichkeit Elyesa Bazna war, Kammerdiener des britischen Botschafters, und daß ich der von ihr Gesuchte war. Ich wußte nicht, daß sie Cornelia Kapp hieß, Tochter eines deutschen Generalkonsuls, Sekretärin in der deutschen Botschaft, Angestellte des Reichssicherheitshauptamtes, Mitarbeiterin des amerikanischen OSS, des Office of Strategic Services. Wir mochten uns, als wir uns ansahen. Nur unsere Schatten waren Gegner.

Sie beendete ihren Einkauf.

Sie sagte: »Ich danke Ihnen für Ihre liebenswürdige Hilfe, Monsieur.«

Ich machte eine knappe Verbeugung. Moyzisch, mein Verbindungsmann zu den Deutschen, machte ein eisiges Gesicht. Ich sah den beiden nach, als sie gingen. Ich dachte, die Frau wäre vielleicht Moyzischs Geliebte. Ich wußte nicht, daß sie ihn genauso hinterging wie ich den britischen Botschafter. Cornelia und ich waren aus dem gleichen Holz geschnitzt.

Ich kaufte das Kleid für Esra, das Mädchen, das ich liebte. Ich bezahlte mit dem Geld, das ich von Moyzisch im Auftrag der Deutschen erhalten hatte. Und ich dachte an die Frau, die eben mit Moyzisch den Laden verlassen hatte.

Es war in der Woche vor Ostern im Jahre 1944. Ich werde diese Begegnung nie vergessen.

Später, als ich über Cornelia Kapp Bescheid wußte, habe ich versucht, zu ergründen, was nach dem Krieg aus ihr geworden ist. Ich habe mühsam ihre Spur verfolgt. Denn als mein Stern gesunken war, lebte der unbezwingbare Wunsch in mir, zu erfahren, ob ihr etwa das gelungen ist, was wir wollten und weshalb wir beide, auf entgegengesetzten Seiten, Verrat getrieben hatten, nämlich mit Genuß und in Ruhe den Lohn für unsere Taten zu verzehren.

Es dauerte lange, bis ich sie gefunden hatte. Ich las die Berichte, die ich über sie erhielt, und ich vergaß den Haß, den ich einmal gegen sie empfunden hatte. Auch sie erinnerte sich unserer einmaligen Begegnung im ABC. Sie erklärte: »Ich erinnere mich recht gut an den Mann, der mir in dem Geschäft so freundlich beim Aussuchen von Unterwäsche behilflich war. Als ›Cicero‹ habe ich ihn damals nicht erkannt, denn ich wußte nicht, wie der Mann aussah, der den Deutschen so wichtig war. Außer jenem Tag im Modehaus habe ich Cicero niemals wiedergesehen. Man konnte so herzlich mit ihm lachen...«

Fast zwanzig Jahre nach unserer Begegnung im ABC erfuhr ich alles über Cornelia Kapp. Ich erfuhr, warum sie, die Deutsche, deren beide Brüder als Offiziere an der russischen Front kämpften, für die Amerikaner arbeitete. Ich erfuhr, was alles sie damals in Ankara unternommen hat, um mich, den Unbekannten, von dem nur der ominöse Deckname ›Cicero‹ existierte, zu vernichten. Und ich weiß, wie sie heute lebt und daß wir beide, sie und ich, nicht sagen können, unser Traum vom Leben habe sich erfüllt.

Ich verließ das ABC, das Paket mit dem Kleid für Esra, meine Freundin, unterm Arm. Ich ging ins Ankara-Palas, das größte Hotel der Stadt.

Ich liebte die weite Halle des Hotels, die unzähligen Spiegel an den Wänden. Ich betrachtete mein Spiegelbild. Ich war gut gekleidet. Ich bevorzugte ein Parfüm, von dem ich heute weiß, daß es zu süß war. Ich konnte der Versuchung nicht widerstehen, den Brillantring, den ich am Finger trug, blitzen zu lassen, so daß ich es im Spiegel sehen konnte. Ich dachte an die Fremde aus dem Modegeschäft, und ich lächelte meinem Spiegelbild zu. Und ich dachte an Esra, für die ich ein Kleid gekauft hatte, das sehr teuer war, aber das ich mir leisten konnte, ihr zu kaufen.

Ich war eitel bis zur Unerträglichkeit.

In der Halle des Ankara-Palas stehen altmodische, kleine Tische mit unbequemen Sesseln. Das Parkett knarrt unerträglich; selbst die Teppiche vermögen das Geräusch nicht zu dämpfen. Aber es war damals das erste Haus am Platz, und ich betrachtete es als den erstrebenswerten Rahmen für mich, Elyesa Bazna, den Kawassen. Als Kawaß wird in der Türkei jeder Angestellte bei einem ausländischen Herrn bezeichnet, vor allem das Dienstpersonal der Botschaften. Der ›persönliche Kawaß‹ ist der Kammerdiener. Es gibt ›Reinigungskawassen‹, ›Pförtnerkawassen‹, ›Kraftfahrerkawassen‹, ›Botenkawassen‹. Ein Kawaß ist ein unbedeutendes Nichts.

Und wer liebt es schon, ein unbedeutendes Nichts zu sein?

In meinen freien Stunden ging ich in die Halle des Ankara-Palas, bestellte mir schwarzen Kaffee und süßen Likör. Ich las die internationalen Zeitungen, und die Kellner behandelten mich als einen Herrn. Auch die entscheidende Wende in meinem Leben war im Ankara-Palas eingetreten.

Es war fast auf den Tag genau ein Jahr vor der Begegnung mit meiner unbekannten Feindin Cornelia Kapp, es war im April 1943, an einem trüben Tag, einem Tag, an dem ich verzweifelt war und Bilanz zog. Ich war 38 Jahre alt und fürchtete, mein Leben würde im Sand verlaufen, monoton, bedeutungslos, kraftlos: das nutzlose, stumpfsinnige Dasein eines Kawassen.

Ich stellte eine für mich bittere Rechnung auf. Ich verschanzte mich hinter einer Zeitung, aber ich war unfähig zu lesen. Der Gedanke war plötzlich in mir aufgetaucht, nun beherrschte und quälte er mich, und ich verspürte ein Würgen in der Kehle. Es war der Gedanke, daß mir mein Leben zwischen den Fingern zerrann, daß ich mich selbst betrog, wenn ich mir krampfhaft einredete, hier in diese Halle zu gehören, hier Gleicher unter Gleichen zu sein.

Ich stellte mir Fragen, und ich verachtete mich wegen der Antworten, die ich mir geben mußte.

Warum war ich Kawaß geworden? Weil ich nichts konnte, nichts gelernt hatte, außer mit Autos umzugehen. Ich wurde Diener und Chauffeur beim jugoslawischen Gesandten Jankovic. Er trank sehr viel und pflegte dann zu mir recht leutselig zu sein. »Elyesa, ich habe gehört, wie Sie beim Wagenwaschen gesungen haben. Sie haben eine schöne Stimme. Sie sollten sie ausbilden lassen!«

Ich ging aufs Konservatorium, zweimal wöchentlich. Professor Klein, ein Deutscher, war mein Gesanglehrer. Die Musik wurde mein Trost, Opernarien meine Leidenschaft.

Ich heiratete. Liebte ich meine Frau? Ich wußte es nicht. Ich bin Moslem. Ich bin erzogen in alten Traditionen, wie sie heute noch auf dem anatolischen Land außerhalb der Großstädte gültig sind: Die Frau hat zu arbeiten und eine Unzahl Kinder zur Welt zu bringen, womit sie den einzigen Zweck erfüllt, zu dem sie auf der Welt ist. Meine Frau war mir gleichgültig, aber ich liebte die Kinder, die sie mir schenkte. Ich kaufte einen Fotoapparat und fotografierte meine Kinder. Es wurden außergewöhnlich gute Aufnahmen.

Die Fotos zeigte ich dem Gesandten Jankovic. Er sagte: »Sie fotografieren ja meisterhaft.«

Ich hörte mir das Lob gleichgültig an. Denn ich ahnte noch nicht, daß mich meine Fähigkeit, gut zu fotografieren, dem Traum meines Lebens nahebringen sollte. Sieben Jahre war ich Chauffeur des jugoslawischen Gesandten. Ich tat meine Arbeit, schulte meine Stimme, fotografierte meine Kinder und brannte im übrigen vor Ehrgeiz, ein großer Sänger zu werden.

Ich gab meine Stellung auf, als ich meinte, soweit zu sein, öffentlich auftreten zu können. Ich gab ein Konzert in der ›Union Française‹ in Istanbul. Es wurde eine Enttäuschung. Die Lieder großer europäischer Meister sagen meinen Landsleuten nichts.

Ich wurde wieder Kawaß. Diesmal bei Oberst Class, dem Militärattaché an der Botschaft der Vereinigten Staaten. Lernte ich dort die große internationale Welt kennen? Wurde mir dort gezeigt, wie man sich auf glänzendem Parkett bewegt? Oberst Class trank in 24 Stunden zwei Flaschen Whisky. Eigentlich war er immer betrunken. Seine Frau war ein sanftes Geschöpf, spielte leidenschaftlich Poker, arbeitete gern im Garten und trug niemals Unterwäsche. Sie war jung und schön, und es gehörte zu meinen Aufgaben, ihr stets das Bad zu richten. Sie badete zweimal am Tag. Ich war für sie ein Kawaß, ein nützliches Ding, nicht anders als der Warmwasserhahn, aus dem ich die Wanne füllte und vor dem die Plätschernde sich gleichfalls nicht zu genieren brauchte.

Bevor es einen Skandal geben konnte, kündigte ich.

Ich wurde Kawaß eines Mitglieds der deutschen Botschaft, persönlicher Diener von Botschaftsrat Jenke, der mit einer Schwester Ribbentrops verheiratet war. Von 1942 bis Anfang 1943 arbeitete ich im Privathaushalt Jenkes. Ich schämte mich nicht, die Briefe meiner Herrschaft zu lesen, gleichgültig, ob es sich um private oder dienstliche Schreiben handelte. Als Kawaß kannte ich es nicht anders. Hat man einmal angefangen zu schnüffeln, wird es wie eine Sucht. Ein paar Briefe fotografierte ich, nur um meiner Frau zu zeigen, wie frei ich, trotz Krieg und Spionenfurcht, im Haushalt Jenke schalten und walten konnte. Im Salon legte ich mich aufs Sofa; mit den Füßen auf den Kissen, eine Zeitschrift in den Händen, knipste ich mich durch Selbstauslöser: ein Kawaß, der sich auf den Polstern breitmacht, wenn die Herrschaft nicht im Haus ist. Ich sagte zu meiner Frau: »So eine Einrichtung wünsche ich mir auch einmal.«

Dann entdeckte ich eines Tages, daß in meinem Dienerzimmer meine Koffer durchwühlt waren. Hatte man entdeckt, daß ich heimlich Briefe las? Hielt man mich für einen Spion?

Botschaftsrat Jenke sagte mir, er müsse auf meine Dienste verzichten. Er könne sich einen persönlichen Diener nicht länger leisten. Er war sehr höflich, und ich nahm meinen Abschied. Ich war gekränkt und ärgerlich, daß man mich offensichtlich für einen Spitzel hielt. Hatte ich nicht immer fleißig meine Pflicht getan? Hatte ich nicht schuften müssen wie noch in keiner anderen Stellung zuvor? Bei meinem Eintritt in Jenkes Dienst hatte ich 76 Kilo gewogen. Bei meiner Kündigung wog ich nur noch 65 Kilo.

Zu dieser Summe meines bisherigen Lebens kam ich in der Halle des Ankara-Palas: Ich war nichts weiter als ein unwichtiger Mensch, der herumkommandiert wurde, der Wagen wusch, Cocktails servierte, einsamen Frauen das Badewasser bereitete, der die Briefe seiner Herrschaft las und jederzeit an die Luft gesetzt werden konnte, wenn man glaubte, ihn für einen Spion halten zu dürfen.

Der Gedanke traf mich wie ein Schlag!

Die ganze Zeit hatte ich in die Zeitung gestarrt. Ich hatte die Bilanz meines Lebens gezogen und war zu einem vernichtenden Resultat gekommen. Aber der Gedanke, der mich blitzartig überkam, weckte mich aus meinem bitteren Grübeln. Sollte es mir nicht möglich sein, alle Wünsche zu erfüllen, die mich beherrschten? Warum hatten mich die Deutschen in Verdacht gehabt? Weil Ankara ein neutraler Boden war, auf dem die Feinde des großen Krieges nahe beisammen lebten, sich gegenseitig belauern konnten und ihre Agenten aufeinander ansetzten!

Der Gedanke schlug mich in seinen Bann. Er war von unheimlicher Faszination. Ich wollte der Spion werden, der sich so teuer verkaufte, wie es noch keiner jemals getan hatte! Ich wollte der größte unter allen werden! Ich fühlte, daß ich die Voraussetzungen besaß. Ich war leise, ich war unauffällig, ich war geduldig – weil ich eben ein Kawaß war!

Das Schicksal wies mir den Weg. Mein Gehirn registrierte das, worauf meine Augen die ganze Zeit geruht hatten: Es war eine Annonce in der Zeitung.

›Für den Ersten Sekretär der britischen Botschaft wird ein Chauffeur gesucht . . .‹

Fiebernd vor Erregung verließ ich die Halle des Ankara-Palas.

Ich ging meinen Weg. Er sollte mich zu Triumph und Enttäuschung führen.

Sorgfältig traf ich die Auswahl unter meinen Zeugnissen. Ich begnügte mich mit den Dienstbescheinigungen, die ich vom jugoslawischen Gesandten und vom amerikanischen Militärattaché erhalten hatte. Das ausgezeichnete Zeugnis, mit dem mich Botschaftsrat Jenke allen künftigen Herrschaften empfahl, nahm ich nicht mit. Einem Engländer mochte im Krieg eine deutsche Empfehlung mißfallen.

Das Haus, dessen Adresse in der Annonce angegeben war, lag im Diplomatenviertel, auf den Hügeln von Cankaya, mitten in einem großen, gepflegten Garten. Ein abschüssiger Weg führte zum Eingang. Ein Chevrolet mit einem Kennzeichen, das zur britischen Botschaft gehörte, parkte davor. Es war der Wagen, für den sie einen Chauffeur suchten. Auf dem Rücksitz lag eine Aktentasche, der Deckel war aufgeklappt. Ich konnte Dokumente erkennen. Der Erste Sekretär der britischen Botschaft schien ein recht sorgloser Herr zu sein. Ich läutete an der Haustür.

Ein Mädchen führte mich in einen Salon. Ich mußte lange warten. Nach dem Zweiten Weltkrieg war Sir Douglas Busk britischer Botschafter in Venezuela. Damals, als er nur Erster Sekretär in Ankara war, besaß er noch nicht das Adelsprädikat ›Sir‹.

Als er den Salon betrat, erhob ich mich respektvoll von dem Stuhl, auf dem ich Platz genommen hatte. Mr. Busk war ein hochgewachsener Mann, etwas schwächlich, wie mir schien. Sein Blick musterte mich kühl und abschätzend.

»Sie bewerben sich um die Stelle?«

»Oui, Monsieur.«

Ich beantwortete seine auf englisch gestellte Frage französisch.

»Sie sprechen nicht Englisch?«

»Ich lese Englisch, und ich verstehe es. Das Sprechen fällt mir schwer.«

Er sprach von nun an französisch mit mir.

»Weitere Sprachkenntnisse?«

Er deutete mir mit einer Handbewegung an, mich wieder zu setzen. Ich wartete, bis er selbst Platz genommen hatte.

Ich antwortete: »Außer Türkisch und Französisch spreche ich Kroatisch; ich verstehe etwas Griechisch, und ich beherrsche ein paar Brocken Deutsch.«

»Zeugnisse?«

Er hatte eine knappe Art, seine Auskünfte einzuholen. Er war ein Typ, mit dem ich leicht hätte Streit kriegen können, wenn ich es mir hätte leisten dürfen.

Ich reichte ihm stumm meine Dienstbescheinigungen.

»Wo haben Sie so gut Französisch gelernt?«

Ich antwortete: »Als junger Mann war ich in Marseille. Ich habe in der Lastwagenfabrik von Berliet gearbeitet. Sie haben dort ein Zweigwerk. Ich habe Kraftfahrzeugschlosser gelernt.«

Es war nur ein Teil der Wahrheit. Meine wirkliche Sicherheit im Französischen habe ich mir in einem französischen Zuchthaus erworben. Aber das ging Mr. Busk nichts an.

Er las meine Zeugnisse zu Ende.

»Sie heißen Elyesa Bazna«, murmelte er.

»Ja.«

Er stand auf. »Kommen Sie . . .«

Ich folgte ihm zu einem Schreibsekretär in einer Ecke des Salons. Er reichte mir einen Federhalter, wies auf ein Tintenfaß und auf Papier. »Schreiben Sie irgend etwas.«

»Auf französisch?«

»Wie Sie wollen.«

Er beobachtete mich kühl.

Ich schrieb: »Mein Name ist Elyesa Bazna. Ich bin am 28. Juli 1904 in Pristina geboren, das 360 Kilometer südlich von Belgrad an der heutigen Autostraße Skoplje liegt. Damals gehörte diese kleine Stadt noch zum Osmanischen Reich. Mein Vater, Hafiz Yasar, war islamischer Religionslehrer. Zur Zeit der Balkankriege, als wir Türken aus Albanien und Mazedonien vertrieben wurden, wanderte meine Familie über Saloniki nach Konstantinopel aus . . .«

Es war der Anfang meines Lebenslaufs, wie ich ihn schon oft bei Bewerbungen hatte abgeben müssen. Die genaue Angabe, wo mein Geburtsort Pristina liegt, hatte einst Oberst Class, der Whiskytrinker, von mir verlangt. Auch den Deutschen hatte dann die präzise Lokalisierung imponiert.

Mr. Busk sagte: »Ich wollte nur sehen, ob Sie schreiben können. Ihr Türken seid zumeist Analphabeten.«

»Oui, Monsieur«, erwiderte ich ruhig.

Er nahm das Geschriebene und trat damit zum Fenster. Er besah sich gründlich meine Handschrift. Offenbar schien er graphologische Kenntnisse zu besitzen.

Er sagte: »Sieht vertrauenerweckend aus.«

Ich verneigte mich stumm.

Er sagte: »Ich werde dich Elyesa nennen.«

Aus dieser Vertraulichkeit schloß ich, daß er mich als Kawaß akzeptiert hatte.

»Du wirst nicht nur den Wagen fahren und pflegen, sondern auch im Haus bedienen.«

Ich war es gewöhnt, daß man als Kawaß alles tun mußte.

»Darf ich die Höhe des Lohnes wissen, Monsieur?« fragte ich.

»Hundert türkische Pfund«, antwortete er.

Es war der schäbigste Lohn, der mir je angeboten worden war. Ich sagte: »Ich bin Monsieur zu Dank verpflichtet.«

Ich bekam ein kleines Zimmer angewiesen und zog am nächsten Tag mit meinen wenigen Habseligkeiten ein.

Ich hatte elf Räume zu säubern, Staub zu wischen, Ordnung zu halten. Ich mußte den Wagen reparieren und ihn fahren. Ich mußte die Kleidung von Mr. Busk pflegen und die Zentralheizung für den kommenden Winter reparieren. Ich war für Mr. Busks persönliches Wohlergehen verantwortlich und brachte später Mrs. Busk, einer gutaussehenden Blondine, das Chauffieren bei. Wenn Gäste kamen, bediente ich bei Tisch, servierte Cocktails, bereitete den Kaffee. Für seine hundert türkischen Pfund, die damals knapp zweihundert Reichsmark wert waren, glaubte Mr. Busk von mir Arbeitsleistung bis zur Unermüdlichkeit erwarten zu dürfen.

Mr. Busk war ein ehrgeiziger Mensch. Er tat seine Pflicht nicht allein in der Botschaft, er nahm sich auch Arbeit und die dazu nötigen Unterlagen mit nach Hause, um sich auch nach Dienstschluß noch aufzureiben.

Ich fand schnell heraus, wo er seine Akten aufbewahrte. Ich entnahm seinem Schreibtisch ein Aktenstück und schob es unter meine Dienerjacke. Als Mr. Busk das Arbeitszimmer betrat, tat ich so, als ob ich Staub wischte.

Er war nervös und unaufmerksam. Er vergaß in dieser Zeit oft, seinen Schreibtisch abzuschließen. Denn Mrs. Busk war im amerikanischen Krankenhaus in Istanbul. Sie erwartete ein Kind.

»War ein Anruf aus Istanbul?« fragte er.

»Nein, Monsieur.« Ich erlaubte mir ein Lächeln. »Ich kann Monsieur verstehen. Ich bin selbst Vater von vier Kindern. Es nimmt einen immer wieder mit.«

Er achtete nicht auf mein Mitgefühl.

»Ist die Zentralheizung fertig repariert?«

»Noch nicht, Monsieur.«

»Dann tu das endlich!« befahl er mir.

»Jawohl«, antwortete ich.

Ich ging in den Heizungskeller und las aufmerksam das Aktenstück durch.

Ich hatte mich nie sehr um Krieg und Politik gekümmert. Was ich in meinen bisherigen Stellungen als Kawaß erlebt hatte, ließ mich gleichgültig werden gegenüber den Mächtigen, die in den Botschaften ein und aus gingen. Auch sie kochten nur mit Wasser. Aber sie sorgten dafür, daß es die Kleinen waren, die sich daran die Finger verbrühten.

Ich schlug mit meinen Werkzeugen gegen die Heizungsrohre. Es schallte durchs ganze Haus. Mein Fleiß war nicht zu überhören.

Die Dokumente hatte ich neben mich gelegt. Es waren Memoranden, aufgezeichnet in der britischen Botschaft. Sie vermittelten mir ein klares Bild, in welcher Zwickmühle sich die Türkei, mein Vaterland, befand. Ich las die Überlegungen Churchills: Sicher hätte die Türkei den Wunsch, bei der kommenden Friedenskonferenz auf der Seite der Sieger am Verhandlungstisch zu sitzen. Und die Sieger wären zweifellos die Alliierten. Aber die Türken hätten zu sehr Furcht vor den Deutschen, wollten sich noch nicht festlegen.

Ich las: ›Wir müssen uns aufs äußerste und hartnäckig bemühen, die Türkei im Frühjahr zum Kriegseintritt zu bewegen!‹

Das waren Churchills Worte. Ich versetzte den Heizungsröhren wütende Schläge. Selbstverständlich, Mr. Churchill kannte die großen Zusammenhänge. Aber ich erkannte, daß ich vielleicht in naher Zukunft im Dreck eines Frontabschnitts liegen würde. Irgendwo an der bulgarischen Front. Als lästiges, angstschlotterndes Hindernis für irgendeinen kriegsgeübten deutschen Soldaten. Und Mr. Churchill würde nie erfahren, was der deutsche Soldat aus mir gemacht hatte. Ich hatte keine Lust zu sterben.

Ich erfuhr aus den Dokumenten, daß die Alliierten den Bau von Flugplätzen in der Türkei forcieren wollten. Ein Strom von Waffen, Ausrüstung und Kriegsmaterial sollte in mein Vaterland fließen: ›Es müssen Spezialisten ausgesucht werden, die den Türken Handhabung und Wartung dieses Materials beibringen.‹

Ich dachte, daß es für den Anfang nicht schlecht wäre, wenn sie wenigstens einen Heizungsmonteur erübrigen könnten, damit ein britischer Botschaftssekretär nicht auf einen türkischen Dummkopf wie mich angewiesen wäre.

Ich las, daß die Absicht bestand, den Seeweg durchs Schwarze Meer bis zum Südflügel der russischen Front zu öffnen. Von den türkischen Luftstützpunkten aus sollten dann die rumänischen Erdölfelder schwer bombardiert werden. Dadurch könnte die Erdölproduktion von Ploesti lahmgelegt werden.

Ich machte eine Pause in meiner Lektüre der alliierten Pläne mit der Türkei. Ich reparierte die Heizung zu Ende. Dann las ich ein Schriftstück, in dem von der Konferenz von Adana am 30. Januar 1943 gesprochen wurde. Für zwei Tage hatte sich Churchill dort im Salonwagen eines Sonderzuges mit dem türkischen Staatspräsidenten Inönü getroffen. Streng geheim natürlich. Aus dem Schriftstück ging hervor, daß die Russen zwar Siege über die Deutschen errungen und die übrigen Alliierten in Afrika erfolgreich gegen die Deutschen operiert hätten. Aber gerade das, so hatte Churchill Präsident Inönü erklärt, würde die Türken in Gefahr bringen. In ihrem ewigen Drang nach

Osten und aus der Notwendigkeit heraus, ihren Treibstoffbedarf decken zu müssen, könnten die Deutschen versuchen, die Türken anzugreifen und sie zu überrennen. Deshalb müßte die Türkei gerüstet und bereit sein, sich zu wehren.

Ich las auch die Gegenargumente, die Präsident Inönü vorgebracht hatte. Er hatte von der Ordnung der Welt nach dem Krieg gesprochen und gemeint, Rußland werde sich dann dem Imperialismus zuwenden. Die Türkei müsse deshalb vorsichtig sein. Die ihr drohende Gefahr wären immer die Russen gewesen, nicht die Deutschen. Nach einer deutschen Niederlage würden alle besiegten Länder bolschewistisch werden. Das sei die Realität, wie sie sich aus türkischer Sicht darstelle.

Viel später hatte ich Gelegenheit zu lesen, was in einem Telegramm Stalins an Churchill stand:

›... die internationale Lage der Türkei bleibt sehr heikel. Einerseits hat die Türkei einen Neutralitäts- und Freundschaftspakt mit der UdSSR und einen gegenseitigen Beistandsvertrag mit Großbritannien zur Abwehr eines Angriffs abgeschlossen; andererseits ist da der Freundschaftsvertrag mit Deutschland, der nur drei Tage vor dem deutschen Angriff auf die Sowjetunion unterzeichnet wurde. Mir ist unklar, wie die Türkei unter den gegebenen Umständen ihre Verpflichtungen gegenüber der UdSSR und Großbritannien einerseits und ihre Verpflichtungen gegenüber Deutschland andererseits in Übereinstimmung zu bringen gedenkt ...‹

Was immer die Mächtigen dieser Erde von der Türkei halten mochten: Ich, der ich mir im Heizungskeller einen Überblick über die Weltlage verschaffte, kam zu der Ansicht, daß es in jedem Fall ein schlechtes Geschäft wäre, noch in diesen Krieg hineingezogen zu werden, völlig gleichgültig, ob als Partner Englands oder als Opfer Deutschlands.

Einen Augenblick lang hatte ich großartige Gedanken. Etwas wie Idealismus überkam mich: Wenn ich den Deutschen die britischen Pläne verriet, würden sie diese durchkreuzen können, ohne sich einen kräfteraubenden Angriff auf die Türkei zumuten zu müssen. Und die Türkei, so dachte ich, wenn sie sähe, daß die geplanten Schachzüge der Briten von den Deutschen zunichte gemacht würden, wäre sicher nicht so vermessen, allzu hastig zum Kriegspartner der Alliierten zu werden. Ich täte also ein gutes Werk für die Neutralität meines Landes.

Ich packte mein Werkzeug zusammen, verstaute die Dokumente unter meiner Jacke und fühlte mich als der allen Seiten unbekannte Mittelpunkt einer verfeindeten Welt.

Ich stieg aus dem Keller hinauf. Als ich mich dem Arbeitszimmer Mr. Busks näherte, kam er herausgestürzt. Er sah mich mit starrem Blick an. In seinem Gesicht zuckte es. Ich fühlte, wie mein Herz gegen die Dokumente schlug.

Mühsam beherrschte ich mich. Ich sagte: »Die Heizung ist jetzt in Ordnung ...«

Er wehrte ab. »Das ist vollkommen unwichtig ... Eben war ein Anruf aus Istanbul. Du kannst mir zu einer Tochter gratulieren!«

Ich verneigte mich. Als ich ihn wieder ansah, konnte ich lächeln. »Ich erlaube mir, die herzlichsten Glückwünsche auszusprechen, Monsieur.«

Er nickte nur flüchtig und eilte davon.

Ich brachte die Dokumente in sein Arbeitszimmer zurück.

Es ist nur zu verständlich, daß für Mr. Busk in der nächsten Zeit nur *ein* weibliches Wesen existierte: sein Töchterchen, das in Istanbul zur Welt gekommen war. Dagegen wurde meine Aufmerksamkeit durch das Kindermädchen geweckt, das Mrs. Busk mitbrachte, als sie mit ihrem Baby nach Ankara heimkehrte.

Das Kindermädchen hieß Mara. Es war schwarzhaarig und schlank, Anfang Dreißig. Die guten weiblichen Eigenschaften verschiedener Nationen mischten sich in ihm. Mara hatte die hellen Augen einer Schwedin und den bereitwilligen Mund, der mich an Südfrankreich erinnerte. Hände und Finger waren feingliedrig und graziös in ihren Bewegungen wie bei einer Bukaresterin. Ihre Herkunft war nicht eindeutig, aber ihre Bereitwilligkeit, anschmiegsam zu sein, trat klar zutage. Später machte ich die Erfahrung, daß sie unmäßig rauchte und leidenschaftlich gern Whisky trank. Dann lachte sie heiser und mitreißend, ihre weißen Zähne blitzten, und in ihrer Stimme schwangen viel Unbedenklichkeit und Sehnsucht nach dem Abenteuer mit. Es war dann etwas von Hafen, Wind und weitem Meer in ihrem Wesen. Vielleicht das Erbteil eines amerikanischen Matrosen mütterlicherseits. Als ich Mara, die mich bezauberte, zum erstenmal sah, las ich in ihren Augen Kummer und Vorwurf.

Ich hörte, wie Mrs. Busk ihrem Gatten beiläufig erzählte, Mara würde dem Haushalt nicht so bald davonlaufen. Sie hätte gerade eine unglückliche Liebschaft hinter sich. Ihre Verlobung wäre geplatzt.

Mrs. Busk erzählte es, während ich den Tee servierte und Mr. Busk gerührt auf das Baby blickte, das in einem Körbchen lag. Im Hause Busk hatte man den Eindruck gewonnen, daß es mit meinen Englischkenntnissen nicht weit her sei, weshalb man sich bei Gesprächen keinen Zwang antat.

Ich lächelte dem Kind im Körbchen zu, winkte ihm mit zwei Fingern und zog mich zurück.

Ich ging zu Mara, blickte sie ernst an und sagte: »Kann ich Ihnen helfen? Wer hat Ihnen unrecht getan?«

Ihre Augen wurden groß. »Was wissen Sie?«

Ich schüttelte den Kopf. »Ich weiß nichts. Ich fühle nur, daß Sie traurig sind.«

Es war mir klargeworden, daß ich im Hause Busk nicht das erreichen konnte, was ich wollte. Mein Ziel war die britische Botschaft direkt. Der Botschafter, Sir Hughe Knatchbull-Hugessen, suchte einen Kammerdiener. Alle Kawassen, die für Botschaftsangehörige tätig waren, wußten davon. Der Posten war sehr begehrt. Ich dachte mir, daß es weniger gut wäre, sich zu bewerben, viel besser aber, Seiner Exzellenz, dem Herrn Botschafter, empfohlen zu werden, zum Beispiel durch seinen Sekretär, Mr. Busk.

Ich traf mich mit Mara in dem kleinen Stadtpark zwischen Cankaya und Kavaklidere. Ich war zum erstenmal da, denn ich gehe nicht gern spazieren.

Ich sagte: »Es ist schön, hier zu gehen. Ich bin oft hier. Ich bin gern allein. Dann denke ich nach und finde Ruhe.«

Ich sah sie nicht an, sondern betrachtete die Bäume und Sträucher, die mich nicht interessierten.

»Sie lieben die Natur?« fragte sie leise.

Ich erwiderte nichts. Ich überlegte, wie ich vorgehen müßte.

Nach einer Weile sagte sie: »Sie haben gefühlt, daß ich unglücklich bin . . .«

Ich antwortete ruhig: »Wenn es ein Mann war, der Sie schlecht behandelt hat, vergessen Sie ihn! Suchen Sie nicht billigen Trost. Sie müssen zu sich selbst finden, weiter nichts.«

Ich erzählte ihr, daß hier in früheren Zeiten Weinberge gewesen wären. Deshalb hieße der beliebteste türkische Wein immer noch ›Kavaklidere‹, obwohl, wie sie sich selbst überzeugen könnte, weit und breit nichts mehr von Rebstöcken zu sehen sei.

Ich besaß meine Kenntnis von der Weinkarte des Ankara-Palas-Hotels, wo solche Hinweise für Touristen aufgezeichnet waren.

Sie sagte: »Sie wissen viele Dinge.«

Ich gab meinem Lächeln Wehmut. »Ich weiß nur eines: Ich werde meine Stellung bei Mr. Busk kündigen.«

Sie sah mich überrascht an. »Warum? Mr. Busk ist doch sehr zufrieden mit Ihnen.«

Ich ergänzte beherrscht: »Ich gehe Ihretwegen!«

Dazu wußte sie nichts zu sagen. Aber die bisher kummervolle Miene hatte sich aufgehellt. Schließlich murmelte sie: »Ich verstehe Sie nicht . . .«

Ich winkte ab: »Es ist unwichtig. Belasten Sie sich nicht meinetwegen. Ich lasse Sie jetzt allein . . . Ich muß gehen. Verzeihen Sie . . .«

Ich ging davon, ohne einen Blick zurückzuwerfen.

Mara war von Veranlagung her ungeduldig. Am Abend des zweiten Tages nach diesem Gespräch bestand sie auf einem kurzen Treffen. »In unserem Park«, wie sie sagte. Ich rang mit mir und ließ mich drängen, bis ich schließlich einwilligte. In ihren Augen war inzwischen nur noch vollstes Verständnis. Wir setzten uns auf eine Bank, und ich legte die Abendzeitung zwischen uns.

»Warum wollen Sie gehen?«

Ich erwiderte: »Das wissen Sie doch!«

»Nein!«

»Jede Frau fühlt so etwas.«

»Sagen Sie es dennoch!«

Ich erklärte ihr, daß ich verheiratet sei, mich aber vom ersten Augenblick an zu ihr hingezogen gefühlt hätte.

Ich fügte hinzu: »Ich bin sicher, daß Sie gerade eine unglückliche Liebe hinter sich haben. Ich fühle es. Um so eher werden Sie verstehen, daß ich der ständigen Begegnung mit Ihnen ausweichen muß. Deshalb werde ich kündigen!«

Ein Wort gab das andere, eine Hand berührte die andere, eine Zärtlichkeit löste die nächste ab. Wir versicherten uns, daß wir unsere gegenseitigen Gefühle achten und aufeinander verzichten müßten, aber wir standen schon unter dem Zauber der irdischen Seligkeit.

Ich flüsterte: »Mara, du mußt mich verstehen . . .«

Sie lehnte ihren Kopf an meine Schulter und nickte.

Ich sagte: »Es gäbe allerdings eine Möglichkeit . . .«

»Welche?«

»Ich kann nicht im gleichen Haus mit dir leben. Sir Hughe sucht einen Kammerdiener. Rede offen mit Mrs. Busk. Sage ihr, daß wir beide nicht unglücklich werden wollen. Sie wird Verständnis haben. Vielleicht empfiehlt mich Mr. Busk dem Botschafter. Mr. Busk hätte es sicher nicht gern, wenn sich zwei seiner Angestellten immer heimlich treffen!«

Mara murmelte: »Wenn du für Sir Hughe arbeitest . . . Ich meine, ab und zu können wir uns doch sehen . . .«

»Meinst du, daß es gut für uns wäre?« fragte ich.

Mara nahm mich fest und zuversichtlich in ihre Arme. Sie flüsterte: »Ich werde mit Mrs. Busk reden.«

Wenn Mr. Busk von seiner Frau etwas erfahren haben sollte, so ließ er sich doch nichts anmerken. Ich bin sicher, daß meine Absicht zu gehen seinen eigenen Überlegungen, die er angestellt haben mochte, entgegenkam. Ich hatte die Erfahrung gemacht, daß Mr. Busk sehr aufs Geld sah. Es war in den letzten Wochen deutlich geworden, daß er mit sich rang, ob er die Ausgaben für mich nicht sparen könnte. Die Heizung war repariert, Ordnung war geschaffen. Für das Weitere konnte er billigere, noch billigere weibliche Kräfte bekommen.

Mr. Busk fragte mich jedenfalls drei Tage später, ob ich Interesse hätte, Kammerdiener bei Sir Hughe zu werden.

Ich sagte: »Selbstverständlich würde ich mich glücklich schätzen, Monsieur. Ich hoffe jedoch, daß ich nicht Ihr Mißfallen erregt habe?«

Er winkte ab. »Die Entscheidung liegt natürlich bei Sir Hughe. Wir fahren in die Botschaft. Er möchte Sie kennenlernen. Seien Sie in einer halben Stunde bereit.«

Ich verließ das Arbeitszimmer Mr. Busks und nahm ein heißes Bad.

Es war sehr angenehm, in der Wanne zu liegen und sich auf die kommende Begegnung mit Seiner Exzellenz, dem britischen Botschafter, zu konzentrieren. Ich lehnte mich zurück, das heiße Wasser belebte mich. Wenn ich badete, pflegte ich die wohlriechenden Salze von Mrs. Busk zu benützen. Ich sah die blitzenden Spiegel, die Flakons mit den Parfüms, die Mrs. Busk gehörten und deren Duft ich an Mara, meiner Freundin, so schätzte. Ich träumte von einem eigenen Badezimmer mit Luxusausstattung.

Mara massierte mir Schultern und Nacken. Ich schloß die Augen und genoß das Spiel ihrer Finger.

Sie sagte: »Der Botschafter ist 57 Jahre alt. Ein eleganter Mann. Er soll sein Personal anständig behandeln . . .«

Ich wußte bereits einiges über Sir Hughe Knatchbull-Hugessen. Er war am 26. März 1886 geboren, Etonschüler, Oxfordstudent. Als junger Beamter des Foreign Office war er es gewesen, der am 3. August 1914 um Mitternacht jenes Telegramm hatte aufgeben müssen, das die Kriegserklärung an Deutschland enthielt. Seit Ende Februar 1939 war Sir Hughe Botschafter in Ankara. Dazwischen lagen Jahre des Dienstes in China, in Persien, in Belgien.

Mara sagte: »Er soll wunderbar Klavier spielen, und malen soll er auch ganz herrlich . . .«

Es war mir angenehm, einen offenbar feinsinnigen und kunstverständigen Herrn zu bekommen. Mißtrauen und Aufmerksamkeit sind nicht die Eigenschaften solcher Charaktere.

Mara hatte Mrs. Busk geschickt über den Botschafter ausgefragt. »Du mußt jetzt gehen«, murmelte sie. Sie fügte nach einem Zögern hinzu: »Wir sehen uns doch oft, ja?«

»Gewiß.«

Wir waren miteinander sehr vertraut geworden. Als Kinderschwester war es eine ihrer Aufgaben, das Baby der Busks zu baden und zu pflegen. Außer dem Baby war ich der einzige, der diese Wohltat von ihr empfing.

Während ich mich sorgfältig ankleidete, ließ sie das Wasser ab und säuberte die herrschaftliche Wanne, deren Benützung uns nicht zustand.

Sie beugte sich tief über die Wanne. Ihre Stimme klang gepreßt. Die Worte, die ich von ihr hörte, ließen mir den Atem stocken. »Manchmal denke ich, daß du eine ganz bestimmte Absicht damit verfolgst, der Diener des Botschafters zu werden.«

Ich stand vor dem Spiegel und legte mein schütteres Haar zurecht. Es fiel mir schwer, mich weiterzukämmen.

»Was meinst du?« Ich stellte die Frage in möglichst gleichgültigem Ton.

Mara hatte sich aufgerichtet. Wir sahen uns im Spiegel an. Hart sagte sie: »Du liest in Dokumenten, die Mr. Busk von der Botschaft mit nach Hause bringt.«

Ich wandte mich um und sah sie ruhig an.

»Warst du heimlich in meinem Zimmer?«

»Ich wollte dich treffen«, murmelte sie. »Du warst nicht im Zimmer. Die Dokumente lagen unter deinem Kopfkissen . . .«

Sie hatte also geschnüffelt.

Ich nahm es ihr nicht übel. Ich hätte nicht anders gehandelt.

»Und warum hast du Mr. Busk nichts gesagt?«

Darauf gab sie mir keine Antwort. Aber ich wußte plötzlich, daß ich eine Helferin gefunden hatte.

Ich verließ als erster das Badezimmer, schaute den Flur entlang und gab Mara ein Zeichen, daß niemand zu sehen wäre.

Als ich vor das Haus trat, stand Mr. Busk bereits neben seinem Wagen.

»Du hast dich wohl gebügelt, um einen guten Eindruck zu machen«, sagte er mürrisch.

»Monsieur«, erwiderte ich höflich, »mein Bartwuchs erfordert täglich zweimalige Rasur. Ich möchte Seiner Exzellenz nicht durch Stoppeln mißfallen.«

Ich öffnete den Wagenschlag und ließ Mr. Busk einsteigen. Dann setzte ich mich hinter das Steuer.

Mit dem Buskschen Baby auf dem Arm trat Mara in die Haustür. Sie nahm die winzige Hand des kleinen Mädchens und winkte Mr. Busk und mir nach, als wir abfuhren.

2

Kammerdiener beim britischen Botschafter

Ich vermied es, in Schweiß zu geraten. Jede meiner Bewegungen tat ich langsam, damit meine Hände nicht zu zittern anfingen. Ich hatte Angst. In diesem Augenblick mußte mir jeder ansehen, daß mir nicht zu trauen war.

Aber der Botschafter blickte nicht auf, als mich Mr. Busk zu ihm ins Arbeitszimmer führte. Sir Hughe Knatchbull-Hugessen fühlte nicht, daß ihm jetzt sein Gegner vorgestellt werden sollte. Wenn es einen sechsten Sinn gibt – er besaß ihn nicht. Jedenfalls nicht seinem künftigen Diener gegenüber, der weit unter seinem gesellschaftlichen Niveau stand. Ich war für ihn nichts als Staubtuch und Kleiderbürste. Mit einem Schlag verließ mich die Furcht.

»Sir, das ist Elyesa . . .«, sagte Mr. Busk.

Sir Hughe sah mich kurz an, nickte, winkte Mr. Busk zu sich, reichte ihm ein Aktenstück. Sie wechselten bedeutungsvolle Blicke. Sie schienen sich über die Wichtigkeit des Dokuments einig zu sein.

»Ich werte es bis morgen früh aus«, sagte Mr. Busk.

Er würde die Akten also mit nach Hause nehmen. Andererseits war er heute abend zu einer Party beim sowjetischen Handelsattaché eingeladen. Ich hatte deswegen am Vormittag noch Mr. Busks Smoking aufbügeln müssen.

Mr. Busk barg das Dokument in seiner Aktentasche. Ich sah nicht hin. Er verließ den Raum. Ich wußte, daß ich das Dokument heute noch lesen würde.

Wie erstarrt stand ich auf dem kostbaren Teppich, bereit, die Musterung meines künftigen Herrn über mich ergehen zu lassen. Es war ein hoher Raum, geschmackvoll ausgestattet. Eine geschmackvolle Tapete, eine geschmackvolle Clubgarnitur, ein geschmackvoller Arbeitstisch mit einem geschmackvollen Gentleman dahinter, der nicht hustete, sondern hüstelte, der nicht lachte, sondern lächelte, der nicht die Fäuste ballte, sondern die Fingerspitzen überlegend aneinanderlegte. Eine schmale Erscheinung, ein schmales Gesicht, hohe blasse Stirn, gestutzter Schnurrbart. Er würde leicht gekränkt sein, wenn er einmal von meinem Verrat erführe; ärgerlich dagegen würde er nur werden, wenn ich ein Stäubchen am Ärmel seines Cuts übersähe.

Er fragte mich mit leiser Stimme nach meiner bisherigen Tätigkeit. Ich erzählte ihm dasselbe wie seinerzeit Mr. Busk, erwähnte auch hier nicht, daß ich einmal der Diener von Ribbentrops Schwager gewesen war.

Es war nur eine kurze Prüfung, die er mit mir vornahm. Er verließ sich völlig auf die Empfehlung seines Ersten Sekretärs.

»Wann können Sie anfangen?« Er hatte eine leise, angenehme Stimme. Sicher sang er heimlich manchmal romantische Lieder, wenn er am Flügel saß.

»Auf der Stelle, Exzellenz«, antwortete ich.

Sein Kopfnicken ließ mich erkennen, daß meine Antwort den Botschafter befriedigt hatte. Ich verbeugte mich, wandte mich zum Gehen, verließ das Zimmer. Dieser Abend sollte der letzte meines Dienstes im Buskschen Hause sein.

Mara war völlig durchgedreht. Sie brannte wie Zunder. Jeden Gedanken an ihren Exverlobten hatte sie wie ein lästiges Insekt verscheucht. Sie hing öfters an meinem Hals als meine vierzehn Krawatten. Sie schien unzählige Arme zu haben wie ein Polyp. Ihre Fantasie im Ersinnen von Zärtlichkeiten kannte keine Grenzen. Sie tobte sich aus in der Zubereitung meiner Lieblingsspeisen: Imam Bayildi, das Eierfruchtgericht, das kalt gegessen wird, mit Zwiebeln und Tomaten, in Olivenöl zubereitet – es hat bei uns die Bezeichnung ›Der Imam fiel in Ohnmacht‹. Oder Cerkes Tavugu, Huhn auf Tscherkessenart, ein Hochgenuß . . .

An diesem Abend machte sie Baklava für mich, auch ›Türkische Wonne‹ genannt, eine Pastete mit Mandeln, Pistazien oder Walnüssen gefüllt.

Wir waren in der Buskschen Küche. In einem Körbchen lag

.das Buskbaby und schlief fest. Seine Eltern waren beim sowjetischen Handelsattaché.

Ich sah Maras geschickten Händen zu, wie sie die Zutaten mischte. Die Lampe in der Küche brannte kalt und grell, sie hatte die stärkste aller Birnen im Haus. Mara schnurrte: »Du wirst mich weiter oft besuchen, nicht wahr?«

Ich stand auf, nahm ein Tablett und sagte, ich käme gleich wieder. Ich eilte aus der Küche, lief durch das dunkle Haus.

Mr. Busk hatte seine Gewohnheiten. Ich kannte sie.

Was ich suchte, fand ich in seinem Schreibtisch. Ihn zu öffnen bereitete mir längst keine Schwierigkeiten mehr. Ich holte die Aktentasche hervor und entnahm ihr das Dokument, das Mr. Busk mit nach Hause genommen hatte. Die Aktentasche legte ich in den Schreibtisch zurück. Das Dokument legte ich auf das Tablett, eine Serviette darüber. Auf dem Rauchtisch wußte ich eine Flasche Kognak. Ich nahm sie mit zwei Gläsern, brachte alles in die Küche.

Mara lachte: »Fein, daß du was zu trinken geholt hast.«

Sie war nur enttäuscht, daß es kein Whisky war.

Ich stellte den Kognak beiseite, nahm die Serviette weg, legte das Tablett auf den Küchentisch, genau unter die Lampe.

Mara hörte auf, sich mit der Baklava zu beschäftigen. Mit aufgerissenen Augen sah sie mir zu.

Ich ging zu einem der Töpfe, die schräg in einer Halterung über dem Herd hingen, entnahm ihm meine Leica. Es war ein alter Apparat, der gleiche, mit dem ich bisher stets meine Kinder fotografiert hatte.

Ich fotografierte das Dokument. Seite für Seite. Ich mußte auf einen Küchenschemel steigen, um die Bilder senkrecht von oben machen zu können. Das Verfahren war umständlich, meine Haltung dabei wahrscheinlich grotesk. Ich erkannte, daß ich mir ein anderes System einfallen lassen mußte.

»Ich habe es gewußt«, murmelte Mara.

Ich achtete nicht auf sie, konzentrierte mich nur darauf, den Apparat scharf einzustellen.

Beiläufig sagte ich zu ihr: »Willst du, daß die Türkei in diesen Krieg hineingezogen wird? Das willst du doch bestimmt nicht!«

Sie gab keine Antwort.

Meine Hände arbeiteten ruhig und sicher. Das verdankte ich allein Maras Gegenwart. In ihrer Anwesenheit kaltblütig und ausgekocht zu erscheinen, fiel mir leicht. Wenn ich vor ihr posieren konnte, fühlte ich mich sicher. Da brachte mich keine Angst um.

Als ich fertig war, tat ich die Kamera in den Topf zurück, brachte die Akten zusammen mit dem Kognak, den wir nicht berührt hatten, ins Arbeitszimmer zurück und legte alles dorthin, wohin es gehört.

Als ich dann in der Küche erschien, starrte Mara noch immer auf den Topf, in dem die Kamera war.

»Dort hätte sie nie jemand gesucht«, flüsterte sie.

»Du kannst ruhig laut sprechen«, sagte ich.

Ich hatte die Kamera erst vor einer halben Stunde in dem Topf versteckt. Für alle Fälle, sofern die Busks vorzeitig nach Hause zurückgekommen wären.

Mara war hochgradig erregt. Ihre Nervosität gab mir die Kraft, überlegen zu sein. Ich lächelte, und sie hielt mich für den Abenteurer, den sie in mir sehen wollte. »Vergiß die Baklava nicht«, sagte ich ruhig.

Als sie sich wieder an die Delikatesse machte, sagte sie aufgeregt: »Du gehörst zum türkischen Geheimdienst . . .«

Ich lächelte pausenlos. Ich war der Geheimdienst in Person, kaltschnäuzig, überlegen und vor allen Dingen geheim.

Ich hockte zwar lässig am Küchentisch, doch unter der Tischplatte zitterten meine Knie in nachträglichem Schock.

Ich hatte keine Zeit gehabt, die Dokumente zu lesen, die ich fotografiert hatte. Erst später erfuhr ich ihren Inhalt.

Es war ein Memorandum, in dem die Briten zusammengestellt hatten, was die Amerikaner den Russen bisher an Kriegsmaterial geliefert hatten:

›189 000 Feldfernsprecher,
  670 000 Meilen Kabel,
    45 000 Tonnen Stacheldraht,

         10 500 Tonnen Leder,
    4 000 000 Paar Stiefel,
         4 100 Flugzeuge,
         2 000 Panzer,
      150 000 Maschinenpistolen . . .‹

Es war eine endlose Liste. Wenn die Deutschen sie besäßen, mußte sie ihnen zeigen, welche ernormen Anstrengungen die Alliierten unternahmen, um sich gegenseitig zu stärken.

Ferner war in dem Memorandum die Rede davon, daß Mitte Oktober 1943 eine Konferenz in Moskau stattfinden werde.

›. . . die Russen werden auf den Kriegseintritt der Türkei gegen Deutschland dringen. Wyschinskij hat bereits erklärt, eine solche Aktion der Türken werde fünfzehn deutsche Divisionen von der Ostfront abziehen . . .‹

Mara servierte mir Baklava, die ›Türkische Wonne‹. Wir aßen mit gutem Appetit. Ich umgab das Mädchen mit dem Zauber des großen Abenteuers, und neben uns schlief das Buskbaby, dieses winzige Bündel britischen Lebens.

Ich sagte: »Es ist die Gefahr, die mich reizt.«

Und ich sagte: »Manchmal ekelt es mich an, andere zu hintergehen. Es ist so gut, daß es dich gibt.«

Schließlich sagte ich: »Ich tue das alles für mein Vaterland!«

Ich steigerte mich in einen Glauben an meine eigene Bedeutung und an meine Mission.

Mara fragte mich nur: »Liebst du mich?«

Ich antwortete: »Ja.« Und ich glaubte es.

Ich war unverschämt und unsicher zugleich. Ich war voller Gier nach dem Ziel und voller Angst vor dem Weg, den ich gehen mußte, um dieses Ziel zu erreichen.

Am nächsten Morgen trat ich meinen Dienst bei Sir Hughe Knatchbull-Hugessen an.

Die Residenz des Botschafters lag auf den Hügeln von Cankaya. Ein weitläufiges Gebäude, ein englischer Herrensitz am Rande der anatolischen Steppe. Gleich nebenan war die eigentliche Botschaft. Der Butler, er hieß Zeki, mußte mir das Haus zeigen. Von ihm erfuhr ich, daß Sir Hughe es liebte, mehr in seinem privaten Arbeitszimmer als in der Botschaft zu arbeiten. Wahrscheinlich bewahrte er dort auch geheime Akten auf . . .

Das Arbeitszimmer lag im ersten Stock. Genau darunter befand sich die Küche. Aber der Teppich im Arbeitszimmer würde meine Schritte dämpfen. Niemand würde hören, wenn sich während der Abwesenheit Sir Hughes jemand in seinem Arbeitszimmer bewegte. Das war meine erste Überlegung.

Neben der Küche im Erdgeschoß befanden sich die Zimmer der Angestellten, auch der kleine bescheidene Raum, der mir zugewiesen wurde.

Ich achtete auf die Entfernungen zwischen den Räumen.

Die Korridore in den einzelnen Stockwerken waren lang. Vom Erdgeschoß führten zwei Treppen nach oben – ich würde die Wahl haben. Im Flur des Erdgeschosses hingen zwei Gemälde, eines, das König Georg VI. darstellte, das andere zeigte die Königin. Von welcher Treppe auch immer ich in mein Dienstzimmer eilen müßte, an einem der Gemälde würde ich vorbei müssen. Notfalls ließe sich, müßte es sein, etwas hinter diesen Bildern verstecken.

Im zweiten Stock befanden sich die getrennten Schlafzimmer des Ehepaares Knatchbull-Hugessen und das Schlafzimmer der Tochter sowie die verschiedenen Badezimmer der Herrschaften.

Ich stellte fest, daß ich vom Badezimmer des Botschafters bis zu seinem Schlafzimmer nicht ganz eine Minute brauchte und vom Badezimmer bis zu dem eine Treppe tiefer gelegenen Arbeitszimmer fast drei Minuten – wenn ich mich nicht zu hastig bewegen sollte. Von dort bis zu meinem Zimmer waren es dann noch etwa zwei Minuten. Ich war sicher, daß Seine Exzellenz zu den Typen zählte, die mit Genuß badeten. Darin waren wir uns, so sehr es ihn vielleicht kränken mag, ähnlich. Da es meine Aufgabe war, ihm das Bad zu bereiten und ihm beim Ankleiden behilflich zu sein, würde ich zwischendurch Zeit finden, den Safeschlüssel, den er ganz gewiß bei sich trug, an mich zu nehmen. Das war meine zweite Überlegung.

Der Butler übergab Schlafzimmer und Kleiderschränke in meine Obhut. Dann ließ er mich allein.

In den Schränken fand ich 25 Anzüge, offizielle, festliche, alltägliche und sportliche Kleidung. Ich habe eine Schwäche für gute Stoffe. Anerkennend strichen meine Finger über die Anzüge des Botschafters. Den Schränken entströmte der kaum wahrnehmbare Duft eines herben Parfüms. Meine Finger glitten in die Taschen der Anzüge. Ich fand – Verdauungspillen.

Auf dem Ankleidetisch lag eine angefangene Federzeichnung. Sie zeigte den Blick aus dem Fenster des Schlafzimmers hügelabwärts über die Stadt. Ich bewunderte die leichte Hand, die diese Zeichnung gemacht hatte. Sir Hughe war ein Künstler.

Die Zeichnung in der Hand, trat ich ans Fenster, öffnete es. Tief atmete ich die angenehme Luft ein. Der Herbst ist Ankaras schönste Jahreszeit. Die brennende, alles ausdörrende, lähmende Hitze des Sommers ist vergessen. Tiefblau ist der Himmel, mild die Temperatur, erfrischend die Kühle des Abends.

Ich sah hinab auf die Pappeln am Fuß des Hügels, sah den Tennisplatz, der zur Botschaft gehörte. Wenn sich Sir Hughe dort sportliche Bewegung verschaffte, würde ich ebenfalls Zeit finden, meine Absichten auszuführen. Das war meine dritte Überlegung.

Ich legte die Zeichnung beiseite und schloß das Fenster. Ich ging zum Nachttisch und öffnete das Schubfach. Ich fand Schlafmittel und war zufrieden. Ich schob das Fach wieder zu.

Als ich mich umdrehte, stand eine schöne Frau in der Tür. Große, klare Augen, das Haar glatt an den Kopf gelegt, ein Mund, dessen Winkel Skepsis verrieten.

»Sie sind der neue Kammerdiener?«

Ich verneigte mich. »Ja, Mylady. Mein Name ist Elyesa.«

Es war Lady Mary, Sir Hughes Gattin. Sie musterte mich kurz und ging dann stumm hinaus. Ich fühlte, daß ich vor ihr mehr auf der Hut sein mußte als vor dem Botschafter. Wieder war die Angst in mir.

Um mir Mut zu machen, nahm ich die Federzeichnung mit, als ich das Schlafzimmer verließ. Ich versteckte sie im Erdgeschoß hinter dem Bild König Georgs VI. Erst drei Tage später holte ich sie wieder hervor und legte sie an ihren alten Platz auf dem Ankleidetisch. Seine Exzellenz hatte die Zeichnung weder vermißt, noch überraschte ihn jetzt ihr erneutes Auftauchen. Er betrachtete sie nur verträumt.

Sicher machte er auch Gedichte. Ich fühlte mich ihm unendlich überlegen.

Von nun an lebte ich wie im Zwielicht. Mein eigener Schatten war stets hinter mir her und trieb mich an. Um 7.30 Uhr hatte ich den Botschafter zu wecken und ihm ein Glas Orangensaft zu servieren. Es war mein Schatten, der sich über meine Schulter beugte und versuchte, auf dem Nachttisch britische Geheimnisse zu entdecken.

Es war eine schwarze Lederkassette, die dort stand, einem kleinen Handkoffer ähnlich.

Ich mußte dem Botschafter das Bad bereiten. Nach dem Wecken blieb er immer noch eine halbe Stunde im Bett und las Zeitungen oder Papiere, die er der schwarzen Kassette entnahm.

Wenn er ins Badezimmer ging, sagte er mir, welchen Anzug er anziehen wollte. Ich hatte ihn dann aus dem Schrank zu holen, die Knöpfe nachzusehen, ihn aufzubügeln, wenn er zerknittert war.

Ich ging zum Nachttisch, faßte nach der schwarzen Kassette: Sie war verschlossen.

Als der Botschafter hinunter zum Frühstück ging, mußte ich die Kassette in sein Arbeitszimmer tragen, wo seine Sekretärin sie mir abnahm.

Der Botschafter frühstückte zwanzig Minuten. Sein Mittagessen dauerte fünfundzwanzig Minuten, das Abendessen höchstens eine halbe Stunde. Man konnte die Uhr stellen nach den Gewohnheiten Sir Hughes . . .

Nach dem Mittagessen pflegte er im Salon regelmäßig eineinhalb Stunden Klavier zu spielen. Vor dem Abendessen badete er noch einmal, während ich inzwischen den Abendanzug bereitzulegen hatte. Am abendlichen Familientisch erschien der Botschafter stets im Smoking, während Gattin und Tochter im Abendkleid waren.

Ich paßte mich dem Rhythmus an, nach dem hier gelebt wurde.

Während der Mahlzeiten hatte ich nichts zu tun. Das Bedienen bei Tisch war Sache Mustafas. Nur wenn der Botschafter eine Party gab, mußte ich Mustafa helfen.

Ich beobachtete Mustafa. Er war gleichgültig und ergeben, ein heiterer Mensch ohne viel Denkvermögen. Er würde nie stutzig werden, selbst wenn ich Sir Hughe betäubt und vor seinen Augen aus der Botschaft geschleppt hätte: Mustafa würde denken, das müßte so sein und hätte sicher seinen Grund.

Anders war es mit Manoli Filoti, dem Koch im Hause Knatchbull. Ein Steakkünstler und Wichtigtuer. Er stand vor seinen Pfannen wie ein Dirigent vor seinem Orchester, dämpfte dort ein zu starkes Brutzeln, kitzelte hier ein Schaschliksolo wach, und jedesmal, wenn er ein Bratenopus vom Feuer nahm, schien er zu lauschen, wo denn, bitte schön, eigentlich der rauschende Beifall des hingerissenen Hauses bliebe.

Manoli Filoti empfand sich als rechte Hand Lady Marys und bürdete sich die zusätzliche Pflicht auf, aus seiner Welt der weichgekochten Frühstückseier und flambierten Kalbsnieren auch noch ein wachsames Auge auf uns übrige Kawassen zu werfen.

Er hatte sein Zimmer neben dem meinen. Zu meiner Beruhigung stellte ich jedoch fest, daß er nachts nicht darin schlief. Er hatte Familie und besaß eine Wohnung in der Stadt. Sicher ging er allabendlich seiner Frau damit auf die Nerven, vor ihr zu prahlen, wie er in der Küche wieder einmal ein wichtiges Problem des britischen Weltreichs gelöst habe.

Der Butler Zeki war nichts weiter als würdevoll. Alles, was unter seiner hocherhobenen Nase lag, pflegte er zu mißachten. Er war zu sehr mit der Haltung seines Hauptes beschäftigt, als daß er Zeit gefunden hätte, auf einen unbedeutenden Kawassen wie mich zu achten.

Aus diesen Personen bestand die Dienerschaft, mit der ich in Berührung kam und die mein Verhalten beobachten konnte.

Die Sekretärin des Botschafters hieß Louise. Sie war eine nette Frau, korrekt und aufmerksam, ein Bild der Zuverlässigkeit wie der Panzerschrank in ihrem Büro. Ich betrachtete diesen Panzerschrank aufmerksam und lächelte Miß Louise zu, als gälte mein Interesse ausschließlich ihr. Sie reagierte gelassen und kühl und nahm mir die schwarze Lederkassette aus den Händen, die mir der ·Botschafter im Schlafzimmer übergeben hatte, damit ich sie hinabtrug.

Miß Louise schloß den Panzerschrank auf, und ich wußte nun, daß auch für den Safeschlüssel eine bestimmte Ordnung und Regel galt: Tagsüber, während der Dienstzeit, hütete ihn Miß Louise. Abends und während der Nacht befand er sich in der Obhut des Botschafters.

Miß Louise stellte die schwarze Kassette in den Panzerschrank – neben ein paar rote Kassetten, die sich schon darin befanden.

Nach zwei Tagen in der Botschafterresidenz wußte ich über Sinn und Zweck dieser roten und schwarzen Behältnisse Bescheid. Sie waren notwendig wegen der ausgeprägten Eigenheiten von Sir Hughe, von denen er nicht abging.

In den roten Kassetten brachten ihm seine Beamten alle Akten, Memoranden, Dokumente, Telegramme, die er selbst zur Kenntnis nehmen, bearbeiten oder auswerten mußte – also die wichtigsten. Die Beamten pflegten sie vom eigentlichen Botschaftsgebäude in seine private Residenz zu bringen, weil der Botschafter es vorzog, hier zu arbeiten.

Was nicht gleich erledigt wurde, kam über Nacht in Miß Louises Panzerschrank. Die Dokumente aber, deren Inhalt sich der Botschafter in Ruhe durch den Kopf gehen lassen wollte, die Akten, über denen er wegen der darin enthaltenen Probleme zu brüten beabsichtigte, wurden aus den roten Kassetten herausgenommen und in die schwarze Kassette gelegt. Sir Hughe konnte sie dann in sein Schlafzimmer mitnehmen.

Ich kam zu der Überzeugung, daß ich etwas Seltsames entdeckt hatte: Im Botschaftsgebäude, das durch eine komplette und stramme Wache des britischen Geheimdienstes gesichert war, wurden zwar wichtige, aber nicht sonderlich vertrauliche Dinge aufbewahrt; die wirklich entscheidenden Akten dagegen lagen tagsüber in den roten Kassetten auf dem Botschafterschreibtisch in seinem Wohnhaus und wurden des Nachts in Louises Panzerschrank gelegt, der ein ganz einfaches Modell war. Und vor der Tür des Zimmers saß lediglich ein müder Geheimdienstler, Baujahr 1894, klapprig vom ewigen Nachtdienst, mit einem schlechtsitzenden Gebiß im Mund, das pfiff, wenn er schweratmend einschlief.

Die allergeheimsten Unterlagen aber befanden sich in der schwarzen Kassette auf dem Nachttisch von Sir Hughe. Und dieser beschäftigte sich zu später Stunde noch so intensiv damit, bis er Ruhe nur mit Hilfe seiner Schlafmittel finden konnte...

Ich erkannte, daß ich an der Quelle saß. Denn das Schlafzimmer des Botschafters war mein Reich!

Mein Dienerzimmer war eng, die Einrichtung sachlich. Ein Bett, ein Schrank, ein Tisch, ein Stuhl. Ich ergänzte die Einrichtung. Ich kaufte mir eine Hundert-Watt-Birne, die ich in die Nachttischlampe einschraubte. Ich kaufte ferner vier Metallstäbe und einen Metallring. An dem Ring konnte ich meine Kamera festschrauben, und diesen Ring konnte ich auf die Stäbe aufsetzen: So hatte ich also ein Stativ, unter das ich alles legen konnte, was ich fotografieren wollte. Nach außen hin hatte ich für die Stäbe und den Ring eine durchaus unauffällige Verwendung, die ich für ein gewöhnliches Stativ nicht gehabt hätte. Zwei der Stäbe dienten in meinem Kleiderschrank als Krawattenhalter, und die zwei anderen steckte ich in zwei von mir selbst verfertigte Buchsen neben dem Waschbecken in die Wand, so daß sie ins Zimmer ragten. Darüber hängte ich Handtücher, meinen Waschlappen, manchmal auch Socken zum Trocknen. Und der Metallring – der war im Alltag eine zusätzliche Zierde meines Aschenbechers. Die genau markierten Vertiefungen, die zum Festschrauben der Kamera dienten, waren jetzt zu jenen Einbuchtungen geworden, in denen brennende Zigaretten ruhen, wenn man sie am Becher ablegt.

Als letztes kaufte ich mir ein großes Stück Wachs.

Mara war mein Trost. Bei ihr weinte ich mich aus. Sie war so hübsch und bedenkenlos und ewig hungrig nach Zärtlichkeiten.

»Warum kann ich nicht zufrieden sein!« fuhr ich sie an, als ob das ihre Schuld wäre. »Ich werde gut bezahlt, es ist meine beste Stelle. Warum laß ich nicht die Finger von den anderen Dingen!«

Ich war wetterwendisch. Deprimiert oder überschäumend in raschem Wechsel.

Mara preßte meine Hand. Weil sie mich für den türkischen Patrioten hielt, an den ich schon beinahe selbst glaubte, machte sie es sich zur Pflicht, mich aufzurütteln. Ihre so herrlich heisere Stimme flüsterte an meinem Ohr.

»Du mußt weitermachen! Ich hab' so Angst um dich! Aber du darfst jetzt nicht aufgeben!«

Sie hatte keine Ahnung, wovon sie sprach, aber sie redete weiter, und ich spürte ihre Lippen wie ein Streicheln. »Du schaffst es! Du bist wunderbar!«

Meine Stimmung schlug sofort um. Ich setzte ein eitles Lächeln auf und zog über den Botschafter her, dem ich zur Treue verpflichtet war. »Du mußt ihn sehen, wenn er morgens aufsteht! Faltig wie eine Flanellhose. Aber er hängt sich genauso auch wieder aus! Er gießt Orangensaft in sich hinein, den ich ihm ans Bett bringen muß, und seine Zellen füllen sich auf. Dann badet er, und wunderschön kommt er heraus, frisch für einen neuen, geistreichen Tag ...«

»Wie du sprichst!« rief Mara bewundernd.

Ich war in Schwung. Ich zog drei Wachsstücke aus meiner Manteltasche und zeigte sie ihr.

»Was ist das?« fragte sie.

Mein Minderwertigkeitskomplex tobte sich in Prahlerei aus: »Die Abdrücke der Schlüssel.«

Ich erklärte ihr, wie es gewesen war ...

Seine Exzellenz war im Bad. Plätscherte genießerisch.

Ich bereitete seinen grauen Anzug im Schlafzimmer vor. Auf dem Nachttisch sah ich einen Bund mit drei Schlüsseln: dem Safeschlüssel, dem Schlüssel für die roten Kassetten und dem für die schwarze.

Ich machte die Abdrücke.

Ein bißchen Wachs blieb an einem der Schlüssel kleben. Ich ging zum Schrank, holte eines der Ziertaschentücher Sir Hughes, säuberte den Schlüssel damit und legte den Bund wieder auf den Nachttisch.

In diesem Augenblick kam er ins Zimmer zurück. In seinen Bademantel gehüllt. So plötzlich war er da, daß ich gar keine Zeit hatte, zu erschrecken.

Ich hielt das Ziertaschentuch prüfend hoch, drehte mich um, sah Seine Exzellenz an. Das Taschentuch war blütenweiß. »Es muß in die Wäsche, Exzellenz . . .«

Er nickte, aber er hatte nicht hingehört. Er sah sich um und entdeckte erleichtert die Schlüssel, nahm sie stumm an sich, steckte sie in die Tasche des Bademantels und ging.

Gleich darauf hörte ich ihn gurgeln. Mit dem Ziertuch wischte ich mir die Stirn.

Mara gegenüber aber prahlte ich wieder einmal. Ihr sagte ich: »Er gurgelt Koloratur. Du müßtest ihn hören . . .«

Spöttisch betrachtete ich die Wachsabdrücke.

Ich stellte mir vor, wie erschrocken Sir Hughe gewesen sein mußte, als ihm beim Bad plötzlich bewußt geworden war, daß die Schlüssel zu seinen Geheimnissen offen herumlagen. Wie der Blitz mußte er aus der Wanne geschossen sein!

Ich grinste überlegen und sagte zu Mara: »Sir Hughe ist zu feinfühlig. Wenn er sich nicht die Zeit genommen hätte, den Bademantel überzuwerfen, wäre er erschienen, als ich die Schlüssel noch in der Hand hatte . . .«

Ich saß mit Mara auf einer Bank im kleinen Park von Kavaklidere. Sie schmiegte sich an mich und flüsterte: »Weißt du, was ich mir wünsche?«

Gelangweilt erwiderte ich, ich wüßte es nicht.

Sie seufzte. »Ich wünsche uns eine kleine Wohnung, in der wir allein sind, in der wir glücklich sind und in der ich für dich da sein kann . . .«

Ich murmelte: »Wenn alles klappt, werden wir bald so eine Wohnung haben.«

Die Leidenschaft, mit der sie mich daraufhin überfiel, riß mich aus meinen eigenen Gedanken. Ich stand auf. Ganz sachlich fragte ich sie: »Wann ist Mr. Busk mal wieder auf einer Party?«

»Übermorgen . . .«

Zum angegebenen Termin besuchte ich Mara. In Mr. Busks Schreibtisch fand ich ein Namensverzeichnis. Ich fotografierte es in der Küche.

Ich blieb die Nacht über in Maras Zimmer. Wir waren sehr glücklich, wenn wir auch ganz leise sein mußten.

In der Tasche meines Mantels, der über dem Bettpfosten hing, steckte die Kamera. Ich hatte die Namensliste aller britischen Geheimagenten in der Türkei fotografiert.

Im Morgengrauen schlich ich aus dem Haus. Es war der Morgen des 26. Oktober 1943. Es war der entscheidende Tag. Ich beschloß, noch an diesem Abend der deutschen Botschaft mein Angebot zu unterbreiten.

Jetzt wünschte auch ich mir die kleine Wohnung, von der Mara gesprochen hatte.

Ich hatte Filme mit insgesamt zweiundfünfzig Aufnahmen. Ich überlegte mir, welchen Preis ich dafür verlangen sollte. An diesem Tag war ich Sir Hughe ein unaufmerksamer Diener. Der Gedanke an das Geld verwirrte mich. Ich mußte mich zusammennehmen.

Ich dachte: Ich werde zwanzigtausend Pfund verlangen. Die Summe berauschte mich. Nicht einen Augenblick dachte ich daran, daß die Deutschen mein Angebot ablehnen könnten.

Ich mußte ganz sicher auftreten. Ich mußte dabei vergessen, daß ich noch vor einem halben Jahr Kawaß bei Botschaftsrat Jenke gewesen war. Entscheidend war, daß ich glaubwürdig war. Sie mußten überzeugt werden, daß ich ein Spion gewesen war und nie etwas anderes. Es mußte ihnen vorkommen, als hätte ich das alles von langer Hand vorbereitet.

Ungeduldig erwartete ich das Ende meines Dienstes bei Sir Hughe. Der 26. Oktober erschien mir als der längste Tag meines Lebens.

Es war 18 Uhr, als ich die britische Botschaft verließ. Die Filme hatte ich bei mir.

Der Pförtnerkawaß an der deutschen Botschaft hieß Peter. Er war Jugoslawe. Er erkannte mich wieder.

»Willst du wieder bei uns anfangen?«

»Vielleicht«, antwortete ich.

Meine Erregung war kaum zu verbergen. Es war 19 Uhr. Eine Stunde lang hatte ich vergeblich versucht, mich zu beruhigen. Ich sagte ihm: »Ich möchte Frau Jenke sprechen.«

Die deutsche Botschaft liegt am Atatürk Bulvar. Sie ist eine Welt für sich. Draußen vor dem schmiedeeisernen Tor: klapprige Autos, Eseltreiber, barfüßige Bauern auf Stadtbesuch, Bettler, ungepflasterte Bürgersteige, Lärmen, Kreischen, Autohupen.

Hinter dem Tor plötzlich Ordnung, Ruhe, penible Sauberkeit, Bäume, englisch gestutzter Rasen, Blumenbeete. Die britische und die deutsche Botschaft waren die schönsten Anlagen der Stadt. Ich mußte lächeln bei dem Gedanken, der mir plötzlich kam. Ich, Elyesa Bazna, der Kawaß, würde sehr bald in den beiden prächtigsten Herrensitzen Ankaras tätig sein. Gerade diese spöttische Überlegung war es, die meine überreizten Nerven wieder ruhig werden ließ.

Peter hatte telefoniert. Er sah mich an. »Du sollst rüberkommen . . .«

Ich kannte den Weg.

Ein Kawaß, der mir fremd war – vielleicht mein Nachfolger bei Herrn Jenke? –, empfing mich. Jenkes Haus lag neben einem der Bürogebäude der Botschaft. Es war im orientalischen Stil erbaut.

Ich wurde in den Salon geführt. Der Kawaß ließ mich allein.

Ich setzte mich auf das Sofa, auf dem ich mich vor Monaten einmal mit dem Selbstauslöser in lässiger Haltung fotografiert hatte. Ich fand alles noch so vor, wie es zu meiner Zeit des Staubwischens hier gewesen war. Betont weibliche Note. Frau Jenke, Ribbentrops Schwester, hatte den Raum eingerichtet. Tiefe, weiche Sessel, schwere Vorhänge, Teppiche, in denen man fast versinken konnte.

Ich erhob mich und schloß die Vorhänge, schaltete die beiden Stehlampen ein und setzte mich in einen der Sessel. Mein Gesicht lag im Schatten.

Ich mußte noch immer warten.

Ich hatte die Hände in den Taschen. Meine Finger umkrampften die Filmrollen.

Inge Jenke war Mitte Vierzig, eine nervöse, ehrgeizige Frau. Da ich ihr gedient hatte, wußte ich, daß sie Präparate der bulgarischen Belladonnawurzel nahm.

Es war nicht immer leicht gewesen, mit ihr auszukommen. Heute weiß ich, daß sie später an der Parkinsonschen Krankheit starb. Vielleicht war sie, die Schwester des Reichsaußenministers, schon damals krank und unglücklich. Wenn ja, so ließ sie es mich, den Kawassen, nicht merken. Sie war eine stolze Frau.

Sie betrat den Salon, und ich erhob mich.

»Bon soir, Madame«, murmelte ich.

Sie sah mich ruhig an. »Warum haben Sie die Vorhänge zugezogen, Elyesa?« fragte sie.

Ich sah ihr ins Gesicht und sagte: »Madame, ich hoffe, bald sehr viel Geld von Ihnen zu bekommen . . .«

Sie verzog keine Miene. Falls ihr mein Benehmen merkwürdig erschien, so zeigte sie jedenfalls keine Reaktion.

Sie sagte: »Ich glaube, ich habe nicht sehr viel Zeit für Sie.«

»Wollen wir uns nicht setzen?« fragte ich leise.

In ihrem Blick lag gespannte Aufmerksamkeit.

»Wir werden uns nicht setzen, Elyesa. Es ist besser, wenn Sie gleich wieder gehen.«

Ich übersah ihre ablehnende Haltung. »Ich komme gerade aus der britischen Botschaft. Ich wollte Ihnen mitteilen, daß ich jetzt der Kammerdiener von Sir Hughe bin. Ich habe unter Umständen mein Leben riskiert, Madame, nur um Sie zu sehen . . .«

Sie neigte den Kopf vor, als könnte sie auf diese Weise den Sinn meiner Worte schneller begreifen.

Eine Weile herrschte Stille. Die Innenflächen meiner Hände wurden feucht.

Schließlich erwiderte sie langsam: »Ich glaube, es wird meinen Mann interessieren, Sie zu begrüßen . . .«

Ich blieb im Schatten der Lampen. Ich war zu erschöpft, um triumphieren zu können.

Ich hatte einst in Briefen geschnüffelt, die Albert Jenke von seinem Schwager Ribbentrop erhalten hatte. Ich war sicher, daß es deswegen war, weshalb man mich seinerzeit entlassen hatte, wenngleich es damals vermieden worden war, mir den wahren Grund bekanntzugeben. Nun sollte ich also Jenke zum erstenmal wieder begegnen. Aber ich besaß keinen Sinn für Peinlichkeiten.

Das Ehepaar erschien schließlich zusammen. Fast hatte es den Anschein, als wollten sie sich später gegenseitig als Zeugen für das dienen, was gesagt werden würde.

»Guten Abend, Elyesa«, sagte Jenke.

Ich konnte nicht erkennen, ob er gespannt war auf das, was ich ihm brachte. Aber er war schließlich Geschäftsmann. Er konnte warten, bis ihm der Partner das Angebot unterbreitete.

Er war fast Fünfzig, von Haus aus kein Diplomat. Sein Vater war Deutscher, die Mutter Schweizerin. Der Vater hatte in unserem Land eine gewisse Berühmtheit genossen: Er hatte eine Talsperre gebaut. Auch Albert Jenke war im Baugeschäft tätig gewesen, hatte lange Jahre in Istanbul gelebt. Die Türkei war seine zweite Heimat. Erst seine verwandtschaftliche Bindung an das Haus Ribbentrop hatte ihm das Angebot eingetragen, in den diplomatischen Dienst überzuwechseln. Nur zögernd hatte er den Vorschlag damals akzeptiert.

Diesem Mann, dessen Kawaß ich gewesen war, sollte ich nun ein Angebot machen, das aus dem Munde seines einstigen Dieners ungeheuerlich klingen mußte, unglaublich und zugleich so großartig, daß er es unbedingt würde prüfen müssen.

Doch noch war ich unsicher. Ich wußte nicht, wie ich das Gespräch beginnen sollte, von dessen Ausgang alles abhing. Nicht nur für mich und für ihn, sondern für die Länder, deren Bürger wir waren: für die Türkei und das Deutsche Reich – vielleicht sogar für die ganze Welt. In meinem Kopf schwirrte es . . .

Vieles lag mir auf der Zunge, doch mir fehlte die Fähigkeit, der Schliff, das zu formulieren, was ich sagen wollte. Um meine Unsicherheit zu verbergen, redete ich jetzt einfach drauflos. Es kam plötzlich wie geölt von meinen Lippen:

»In der Geschichte haben die Türkei und Deutschland immer in Freundschaft zusammengearbeitet. Noch nie haben beide Länder die Waffen gegeneinander erhoben. Wir Türken mochten die Deutschen schon immer, daran hat sich nichts geändert . . .«

Sein Gesicht blieb kühl. Was ich sagte, stimmte dem Inhalt nach. Aber aus meinem Mund klang es schal und leer. Ich spürte selbst, daß in meinen Worten zu viele falsche Töne waren.

Jenke nahm mir den ›Idealismus‹ natürlich auch nicht ab. Aber gerade seine spöttischen Blicke machten mich wütend.

Nun sagte ich ganz hart: »So gut steht es um die Deutschen im Augenblick nicht, als daß sie nicht Hilfe annehmen müßten, von wem immer sie auch kommt! Ich bin in der Lage, in der britischen Botschaft zu fotografieren. Mit einer Leica. Kein Teleobjektiv. Gewöhnliche Optik, 1:2 oder 1:1,5 – um präzise zu sein. Ich biete Ihnen die Filme an. Auf jedem Dokument, das ich bisher fotografiert habe, steht der Vermerk ›secret‹ oder ›most secret‹ . . .«

Er unterbrach mich. Seine Stimme klang ungläubig. »Haben Sie die Filme dabei?«

Meine Finger spielten mit den Filmrollen in meiner Tasche. Aber ich antwortete: »Selbstverständlich nicht. Im Augenblick biete ich Ihnen zwei Filme an. Dafür verlange ich zwanzigtausend Pfund. Wenn Sie auf das Angebot eingehen, kostet jeder weitere Film fünfzehntausend Pfund.«

Er zuckte bei den genannten Summen zusammen. Ich hatte erreicht, daß er nicht länger reserviert war.

»Sie sind verrückt!«

Jetzt sagte ich mit dem gleichen spöttischen Lächeln, das er vorhin für mich gehabt hatte: »Natürlich können Sie ablehnen! Zwei Häuser weiter ist die sowjetische Botschaft. Auch sie ist zu zahlen bereit, wenn sie sich damit über die Absichten ihrer Alliierten informieren kann.«

Er wechselte einen Blick mit seiner Frau, die nur stumm zugehört hatte. Dann murmelte er: »Wir können solche Summen nicht garantieren, solange wir nicht wissen, ob Ihre Filme wirklich etwas wert sind. Außerdem haben wir soviel Geld nicht hier . . .«

»Dann besorgen Sie sich das Geld aus Berlin. Ich werde am 30. Oktober anrufen. Sie können mir dann sagen, ob Berlin akzeptiert . . .«

Seine Frau mischte sich zum erstenmal ein. Sie nannte nur einen Namen: »Moyzisch.«

Jenke sah sie überlegend an. Dann nickte er. »Ruf ihn, bitte, an. Es soll das übernehmen.«

Er stand auf und wandte sich an mich. »Es ist spät geworden«, sagte er langsam. »Ich werde Sie mit dem zuständigen Mann zusammenbringen. Er soll entscheiden . . .«

Ich blickte auf die Uhr. Jetzt war ich bereits seit drei Stunden in der Botschaft.

Ich sagte: »Es tut mir leid, wenn ich Ihre Zeit über Gebühr in Anspruch nehme. Ich habe hier lange warten müssen . . .«

Frau Jenke war zum Telefon gegangen. Sie wählte eine Nummer. Sie mußte eine Weile warten, ehe der Hörer am anderen Ende abgehoben wurde.

Ich verstand zwar nicht genau, was sie sagte, immerhin jedoch so viel, daß sie den Mann namens Moyzisch dringend bat herzukommen.

Sie legte auf und sagte auf deutsch zu ihrem Mann: »Er war schon im Bett . . .«

Ich sagte: »So früh? Es ist doch erst halb elf. . .«

Die beiden blickten mich an. »Sie verstehen also Deutsch . . .«

»Nur sehr wenig . . .«

Die ganze Zeit über hatten wir Französisch gesprochen.

Jenke sagte: »Ich gehe auch schlafen . . .«

Er gab mir nicht die Hand.

Als er die Tür erreicht hatte, fragte ich laut: »Wird Herr Moyzisch wissen, daß ich einmal Ihr Diener war?«

Jenke antwortete kühl: »Ich kann Sie nicht hindern, es ihm zu sagen. Ich habe fast vergessen, daß Sie es einmal waren! Der britische Botschafter wird sich später einmal auch nur ungern an Ihre Dienste erinnern . . .«

Er ging hinaus. Seine Frau folgte ihm.

Wieder mußte ich warten.

Die Deutschen mißtrauten mir. Geduld war das einzige, was ich diesem Mißtrauen entgegenzustellen hatte.

Ich bediente mich von den Zigaretten, die auf dem Rauchtisch standen. Die englischen, an die ich mich in britischen Diensten gewöhnt hatte, waren besser.

3

Geschäfte mit dem deutschen ›Handelsattaché‹

Moyzisch war mittelgroß, drahtig, hatte dunkle, aufmerksame Augen. Er war Österreicher und wurde in der Personalliste der Botschaft als Handelsattaché geführt. In Wirklichkeit war er SS-Obersturmbannführer, Mitarbeiter des Reichssicherheitshauptamtes, Amt VI. Sein Chef war nicht Botschafter von Papen. Sein Chef war der Dr. Ernst Kaltenbrunner in Berlin. Doch das erfuhr ich erst später. Im Augenblick konnte ich mir nur denken, daß er dem deutschen Geheimdienst angehörte.

Später habe ich auch gelesen, welche Beschreibung Moyzisch von mir gab:

›... Es war das Gesicht eines etwa Fünfzigjährigen. Unter der stark gewölbten Stirn ... saßen tiefliegend zwei dunkle Augen ... Das Kinn war ausgeprägt, fest, fast derb geschnitten, es ließ auf beträchtliche Energie schließen. Die Nase, klein und leicht knollig, besaß gewölbte Flügel. Alles in allem ... ein wenig sympathisches Gesicht, glatt und doch leidenschaftlich. Später fiel mir ein, es hätte auch das Gesicht eines Clowns in Zivil sein können, das Gesicht eines Menschen, der sich zu verstellen weiß, der Schmerz mit Lachen zu begegnen versteht ...‹

So sah mich Moyzisch. Ich spürte seine abschätzenden Blicke, fühlte seine stumme Verwunderung darüber, daß mich Jenke allein im Salon gelassen hatte.

»Hat man Sie informiert?« fragte ich.

Er schüttelte den Kopf. Ich blieb geduldig. Ich wurde hier weitergereicht wie ein Antragsformular, von einer Hand in die andere. Es war eine zusätzliche Nervenprobe.

Er glaubte mir nicht, als ich ihm meine Geschichte wiederholte. Es war ihm anzusehen. Er hielt es für unmöglich, daß ich der Kammerdiener des britischen Botschafters war. Meine Forderung nach zwanzigtausend Pfund quittierte er mit einem Lächeln.

Er fragte: »Wie heißen Sie?«

»Das kann Ihnen egal sein. Fragen Sie Herrn Jenke.«

»Ich muß erst die Filme sehen, ehe ich das Geld aus Berlin anfordern kann.«

»Ich werde am Dreißigsten um fünfzehn Uhr in Ihrem Büro anrufen. Ich werde mich als ›Pierre‹ melden . . .«

»Sie heißen also Pierre?«

»Ihr Pförtner draußen heißt Peter. Deshalb bin ich auf Pierre gekommen. Ein Einfall, weiter nichts. Wenn Sie das Geld bereit haben, dann sagen Sie mir am Telefon, daß wir uns treffen können.«

»Wo?«

»Hinter der Botschaft ist das Gärtnerhaus . . .«

»Sie wissen hier gut Bescheid.«

»Natürlich. Ich werde dann um zweiundzwanzig Uhr dort sein. Sie können mich abholen. Sie zeigen mir das Geld. Ich gebe Ihnen die Filme. Sie können Sie sofort entwickeln lassen – ich nehme an, daß diese Möglichkeit in der Botschaft besteht.«

»Ja . . .«

»Sie schauen sich die Filme an. Ich warte. Sie brauchen mir das Geld erst zu übergeben, wenn Ihnen die Filme nach Durchsicht die Summe wert sind. Das ist fair. Oder?«

Meine Bestimmtheit machte ihn hellwach. Er witterte die Wahrheit hinter meinen Worten. Plötzlich schien er das Unmögliche für möglich zu halten.

»Eine weitere Forderung«, sagte ich ruhig. »Ich brauche eine neue Kamera. Eine Leica. Außerdem müssen Sie mir die Filme liefern. Immer wenn ich Ihnen Aufnahmen übergebe, bekomme ich von Ihnen neues Filmmaterial. Ich will nicht beim Einkauf von Filmen erwischt werden . . .«

Er hörte jetzt sehr aufmerksam zu. »Berlin wird bei der Höhe der geforderten Summe nie akzeptieren . . .«

Ich sagte: »Das ist Ihre Sorge, nicht die meine . . . Wenn Sie jetzt, bitte, draußen in der Diele und im Treppenhaus alle Lichter löschen würden, wäre ich Ihnen zu Dank verbunden. Ich möchte gehen.«

Er schien noch weitere Fragen stellen zu wollen. Aber ich stand auf. Ich war mit meiner Nervenkraft am Ende. Das Ganze erschien mir auf einmal unwirklich und lächerlich. Ich fühlte, wie Hysterie in mir hochstieg.

Moyzisch verpaßte seine Chance. Er beugte sich meinem sicheren Auftreten und machte draußen das Licht aus. Meine rechte Hand ballte sich um die Filme in meiner Tasche. Ich hielt mich an ihnen fest. Wenn er noch eine Frage stellte, würde ich ihm die Filme vor die Füße werfen, wahrscheinlich mit einem irren Lachen und maßlos erleichtert, wenn er sie nur endlich umsonst nähme.

Ich war dankbar für die Dunkelheit der Nacht, in der ich untertauchen konnte.

Am nächsten Morgen wurde von der deutschen Botschaft ein chiffriertes Telegramm abgesandt:

›An Reichsaußenminister persönlich.

Geheime Reichssache.

Hier vorliegt Angebot englischen Botschaftsangestellten, angeblich Kammerdiener beim englischen Botschafter in Ankara, hiesiger Botschaft Originaldokumente geheimen Inhalts in Fotokopien zu beschaffen. Für die erste Übergabe am 30. Oktober werden 20 000 Pfund Sterling in Noten verlangt, für jede weitere Filmrolle 15 000 Pfund. Erbitte Weisung, ob auf Angebot einzugehen ist. Bejahendenfalls muß durch Sonderkurier geforderte Summe bis 30. Oktober nach hier übersandt werden. Angeblicher Kammerdiener war vor mehreren Jahren in gleicher Stellung bei Botschaftsrat Jenke, sonst hierorts unbekannt. Gezeichnet von Papen.‹

Ich erfuhr erst zehn Jahre später von diesem Telegramm.

Auch die Antwort, die mich in triumphierende Hochstimmung hätte versetzen können, las ich erst, als alles längst vorüber war:

›An Botschafter von Papen persönlich.

Geheime Reichssache.

Auf Angebot englischen Kammerdieners ist einzugehen unter

Beobachtung größter Vorsicht. Sonderkurier eintrifft Ankara 30. vormittags. Erwarte sofortigen Bericht nach Übergabe der Dokumente. Gezeichnet Ribbentrop.‹

Zu der Zeit, als dieser Telegrammwechsel erfolgte, saß ich im Ankara-Palas-Hotel und betrank mich, ohne betrunken zu werden.

Es waren für mich Tage höchster Anspannung. Ich durfte den Kopf nicht verlieren. Den entscheidenden Schritt hatte ich getan. Ein Zurück gab es nicht. Aber das Warten auf den 30. Oktober zermürbte mich.

Gerade in diesen Tagen mußte ich als Kammerdiener aufmerksamer als sonst sein. Am 29. Oktober begeht die Türkei ihren Nationalfeiertag. Am Vorabend findet ein Diplomatenempfang im türkischen Außenministerium statt, mittags erscheint das gesamte diplomatische Korps bei Staatspräsident Inönü, am Nachmittag ist am Rennplatz eine große Militärparade. Es gehört zu meinen Pflichten, den jeweils vorgeschriebenen Anzug Sir Hughe Knatchbull-Hugessens in tadellosem Zustand, sorgsam gepflegt und ausgebürstet, auf die Minute pünktlich bereitzuhalten.

Als ich ihm die große Galauniform für den Staatsempfang beim Präsidenten vorbereitete, kam er ins Schlafzimmer, sah mir lächelnd zu, wie ich noch ein letztes, unsichtbares Stäubchen vom Rock entfernte, und sagte: »Bei dieser Gelegenheit, Elyesa – ich möchte Ihnen einmal sagen, wie sehr ich mit Ihnen zufrieden bin. Sie sind ein vorzüglicher Diener ...« Er sagte es mit seiner milden, angenehmen Stimme.

»Vielen Dank, Exzellenz.«

Ich starrte den Galarock an. Sir Hughe anzusehen, brachte ich nicht fertig.

Er war ausgezeichneter Laune. Zwar war es mehr ein Selbstgespräch, das er führte, doch war es das erstemal, daß er mir gegenüber einen privaten Ton anschlug. »So ein Krieg ist seltsam, wenn man ihn auf neutralem Boden erlebt«, sagte er. Ich hörte stumm zu und reichte ihm unterdessen die Kleidungsstücke, die er benötigte. Er betrachtete sich kritisch im Spiegel.

»Ihre Regierung muß bei der Militärparade sorgfältig darauf achten, daß die Vertreter der feindlichen Mächte hübsch voneinander getrennt dem Schauspiel beiwohnen . . .«

Ich murmelte: »Ich bin froh, daß mein Vaterland neutral ist, wenn ich das sagen darf, Exzellenz.«

Er sah mich an, ging auf meine Bemerkung aber nicht ein. Ich wußte schließlich, daß er im Auftrag seiner Regierung alles daran setzte, die Türkei in den Krieg zu ziehen.

Er lächelte schwach: »Nachher beim Staatsempfang werden die Botschafter in alphabetischer Reihenfolge beim Präsidenten vorgelassen. Wissen Sie, was das bedeutet?«

Ich konnte es mir denken, schließlich war ich lange genug Kawaß. »Es geht nach dem französischen Alphabet. Zuerst Allemagne, dann Angleterre – also erst Deutschland, dann England . . .«

Er nickte. »Ich werde dem Botschafter des Feindes begegnen. Wenn Herr von Papen aus der Tür des Audienzsaales tritt, stehe ich wartend davor. Wir werden uns durch ein kaum merkliches Neigen des Kopfes grüßen, ohne uns anzusehen. Das ist so Brauch. Unsere Völker töten sich, und wir grüßen uns.«

»Das ist alles sehr traurig, Exzellenz«, sagte ich.

Er lachte plötzlich, als ob ihn ein Gedanke belustigte.

»Als ich vor Jahren in Peking war, hat Papens Sohn in meiner Familie gesellschaftlich verkehrt. Wir haben uns gut vertragen.«

Er lachte wieder. »Wie ist es, wollen Sie nicht auf einen Sprung hinüber in die deutsche Botschaft und Herrn von Papen etwas von uns bringen, was ihm Freude macht?«

Mir blieb das Herz stehen. War ich in eine Falle gegangen? War Sir Hughe nur nach außen hin so besonders freundlich zu mir? Verfolgte er eine bestimmte Absicht?

Siedend heiß schoß mir der Gedanke durch den Kopf, ich könnte gesehen worden sein, als ich die deutsche Botschaft betreten hatte. Mein Gesicht hätte mich in diesem Augenblick verraten müssen. Ich hatte mich nicht in der Gewalt.

Aber Sir Hughe lachte jetzt laut. »Stehen Sie nicht so verdattert da! Mir ist bloß eingefallen, daß Kollege von Papen gerade heute am Nationalfeiertag Geburtstag hat. Er wird vierundsechzig, wenn ich mich recht erinnere. In friedlichen Zeiten wäre ich zur Gratulation bei ihm: zum Sektfrühstück. Diesmal muß er seinen Geburtstag ohne ein britisches Präsent feiern; es sind schließlich keine friedlichen Zeiten . . .«

Ich überprüfte noch einmal den ordentlichen Sitz der Galauniform. Mein Lächeln war gequält. Der Scherz Sir Hughes war mir in die Glieder gefahren. Aber dann schlug meine Stimmung um. Es war, als hätte mir der Scherz bewiesen, daß ich nie in Verdacht kommen würde.

Zum erstenmal, seitdem ich den Besuch in der deutschen Botschaft hinter mir hatte, fühlte ich wieder die Kraft in mir, mein Ziel zu erreichen.

Ich empfand herzliche Sympathie für Sir Hughe. Er sah sehr elegant aus, als er in der von mir gepflegten Uniform die Botschaft verließ. Ich eilte sofort in sein Arbeitszimmer. Um die Kamera hatte ich mein Staubtuch gelegt.

Am nächsten Nachmittag bekam ich frei, weil ich am Nationalfeiertag Dienst hatte tun müssen.

Ich traf mich mit Mara. Wir schlenderten den Atatürk Bulvar entlang, sahen uns die Auslagen der Geschäfte an. Es war Viertel vor drei. Mara wußte nicht, daß ich in einer Viertelstunde den entscheidenden Anruf zu machen hatte.

»Ich habe gestern zum erstenmal in der Botschaft fotografiert«, sagte ich. Ich mußte es loswerden. Es war wie ein Zwang. In dieser Viertelstunde brauchte ich Maras beklommene Bewunderung.

»In der Botschaft . . .«, wiederholte sie verständnislos, als wären meine Worte schwer zu begreifen gewesen.

»Im Arbeitszimmer von Sir Hughe. Auf dem Schreibtisch liegen rote Kassetten. Ich habe sie geöffnet und zwei Telegramme fotografiert.«

Der Klang meiner eigenen Stimme beruhigte mich. »Ich habe mir den Schlüssel für die Kassetten nachmachen lassen.«

Ein Schlosser hatte für mich die Arbeit besorgt, ein Mann, der vor vielen Jahren einmal unter mir gearbeitet hatte, als ich noch Kraftfahrzeugmeister bei der Istanbuler Stadtverwaltung gewesen war.

Mara hatte noch nachträglich Angst um mich. »Wenn der Botschafter ins Zimmer gekommen wäre . . .«

Ich lächelte überlegen: »Er war auf einem Empfang bei Präsident Inönü. Ich habe die Telegramme aufs Fensterbrett gelegt und sie dort fotografiert.«

Ich schaute auf die Uhr. Es war fünf vor drei. Ich blieb vor einer Telefonzelle stehen.

Ich war zu erregt, um auf den Mann zu achten, der uns entgegenkam. Erst als er grüßte, blickte ich auf. Es war Manoli Filoti, der Küchenchef der britischen Botschaft. Er war zu neugierig, um Mara nicht kennenlernen zu wollen. »Ein schöner Tag. Wie geht es? Willst du mich, bitte, vorstellen . . .«

Er schwoll an vor Einbildung, schlug Rad wie ein Pfau und deckte uns mit seinem Geschwätz ein, um auf Mara Eindruck zu machen. Er fing an, von den Lieblingsspeisen des Botschafters zu reden und wie meisterhaft er, Manoli Filoti, sie zuzubereiten verstünde.

Mara und er redeten sich heiß an Rezepten. Ich wünschte beide zum Teufel.

Es war drei Uhr.

Ich grinste mühsam: »Ich muß rasch mal telefonieren. Erkläre Mara so lange, wie du Baklava machst.«

Manoli sagte mit albernem Lachen zu Mara: »Er geht mit Ihnen spazieren und gleichzeitig ruft er ein anders Mädchen an . . .«

Ich verschwand in der Zelle. Schweißperlen standen auf meiner Stirn. Ich wählte die Nummer der deutschen Botschaft und verlangte Moyzisch. Als er sich meldete, sagte ich das Stichwort. »Hier ist Pierre . . .« Er tat, als wären wir alte Freunde. Er sagte, er freue sich, daß wir uns heute abend sähen.

Ich antwortete: »Ich freue mich auch.«

Dann hängte ich ein. Ich erstickte fast in der Zelle. Dann riß ich die Tür auf und atmete die frische Luft ein.

Die Deutschen hatten akzeptiert!

Ich fühlte, es war das Abenteuer meines Lebens. Ich war wie im Fieber.

Ich blickte Manoli verächtlich an, diesen eitlen Kochkünstler. Er konnte sich zwanzigtausend Pfund noch nicht einmal vorstellen, während ich sie heute abend besitzen würde.

Ich faßte Maras Arm. »Wir müssen gehen . . .«

Manoli grinste. Er hielt mich für eifersüchtig. Es war mir egal, was er dachte.

Zu der Stunde, da ich mit Moyzisch telefonierte, war in Moskau die Außenministerkonferenz der Alliierten zu Ende gegangen. Sie hatte vom 18. bis zum 30. Oktober gedauert.

Ein Informationstelegramm traf in der britischen Botschaft ein. Darin wurde Sir Hughe mitgeteilt, daß Molotow drei Dinge für die wichtigsten hielt, um den Krieg zu verkürzen: die baldige Invasion in Frankreich; verschärften Druck auf die Türkei, damit sie noch bis zum Ende dieses Jahres in den Krieg eintrete; Druck auf Schweden, damit dort alliierte Stützpunkte eingerichtet werden könnten. Sir Hughe wurde gedrängt, die türkische Regierung energisch zu bearbeiten. Ferner wurde ihm mitgeteilt, daß Anthony Eden auf der Rückreise von Moskau in Kairo Station machen würde. Er wolle dort den türkischen Außenminister Numan Menemencioglu treffen. Als Termin wurde der 4. November vorgeschlagen.

Ich wußte nichts vom Ende der Moskauer Konferenz. Ich wußte nicht, daß es diese Informationen waren, die am Abend des 30. Oktober in Sir Hughes roten Kassetten lagen. Ich wußte nur, daß es mich wie ein Rausch überkommen hatte, meine Glückssträhne, in der ich mich wähnte, nicht abreißen zu lassen.

Ich legte Sir Hughe den Smoking zurecht, den er zum Abendessen tragen wollte. Als er ihn anzog, sah ich ihm mit spöttischen Blicken zu. Doch Sir Hughe war wieder leutselig. »Sie hatten wohl einen angenehmen Nachmittag? Sie haben so gute Laune.«

»Ja, Exzellenz«, antwortete ich wahrheitsgemäß.

Als er beim Essen saß, ging ich in sein Arbeitszimmer. Ich entnahm die Dokumente, verschloß die Kassetten wieder, eilte in meine Dienerkammer.

Mit raschen Griffen setzte ich meine Metallstäbe und den Ring vom Aschenbecher zum Stativ zusammen, schaltete die Nachttischlampe mit der Hundert-Watt-Birne ein und fotografierte. Ich brauchte keine fünfzehn Minuten, um mit den Dokumenten unter meiner Jacke wieder vor dem Arbeitszimmer zu sein. Da sah ich, daß die Tür zum Arbeitszimmer nur angelehnt war. Es traf mich wie ein Schlag. Ich hörte Sir Hughes Stimme. Er telefonierte.

Ein Gedanke versetzte mich in panischen Schrecken. Wenn er jetzt einen Blick in die Kassette warf, würde er sie leer finden!

Ich stand wie betäubt. Dann ging ich langsam den Flur entlang. Hinter mir hörte ich das Schließen der Tür. Eilige Schritte überholten mich. Sir Hughe kehrte zum Familientisch zurück, ohne auf mich zu achten. Er machte ein ärgerliches Gesicht. Ich wußte, daß er es nicht liebte, beim Essen vom Telefon gestört zu werden.

Ich ging langsam weiter, bis er verschwunden war. Dann brachte ich die Dokumente an ihren Platz zurück.

Als ich zwei Stunden später die Botschaft verließ, um Moyzisch zu treffen, nahm ich die Aufnahmen, die ich von diesen Geheimakten gemacht hatte, nicht mit. Ich war abergläubisch; sie hatten mir beinahe Unglück gebracht. Ich wollte es mit diesem Film nicht ein zweites Mal darauf ankommen lassen!

4

Die Lücke im Zaun

Das Gelände der deutschen Botschaft war in seinem rückwärtigen Teil durch einen Drahtzaun begrenzt. Ich kannte meinen Weg. Ich fand die Lücke im Zaun, die ich suchte, und kroch hindurch.

Das niedrige Gärtnerhaus war, von Fliederbüschen umgeben, gegen freie Sicht gedeckt. Ich hatte mir den Treffpunkt genau überlegt.

Ich untersuchte die Umgebung, aber alles war still. Ich war allein.

Es war eine kalte, sternklare Nacht. Ich wartete im Schatten des Gärtnerhauses.

Zwei Minuten vor der Zeit kam Moyzisch. Ich war zur Flucht bereit, hätte er Begleiter mitgebracht. Ich traute ihm genausowenig wie er mir. Vielleicht hatte er das Geld gar nicht? Ich war wieder voller Zweifel. Was sollte ich machen, wenn mich die Deutschen überfielen und mir die Filme abnahmen? Sie konnten mich erpressen, weiter für sie zu arbeiten – umsonst!

In diesem Geschäft gab es die Basis von Treu und Glauben nicht.

Er rief leise: »Pierre!«

Ich wartete. Nichts rührte sich auf dem Weg hinter ihm. Er ging nervös auf und ab.

Da trat ich vor und sagte: »Gehen wir in Ihr Büro?« Er schrak zusammen, als ich so plötzlich neben ihm aufgetaucht war.

Es waren 120 Meter bis zu dem Gebäude, in dem der Sicherheitsdienst untergebracht war. Stumm liefen wir nebeneinander her.

Als wir das Haus erreichten und den Korridor betraten, sah ich, daß nirgendwo Licht brannte.

»Das Fenster Ihres Zimmers geht zum Atatürk Bulvar«, bedeutete ich ihm. »Haben Sie die Vorhänge vorgezogen?«

»Sie wissen aber gut Bescheid«, murmelte er.

»Es bleibt mir nichts anderes übrig.«

Ich wußte noch aus meiner Dienerzeit bei Jenke, wo sich das Büro der Geheimdienstleute befand – wenn Moyzisch damals auch noch nicht hier gewesen war.

Er schaltete das Licht in seinem Büro ein und schloß die Tür. Wir waren allein. Er hatte mir keine Falle gestellt.

»Zeigen Sie mir die Filme!«

Wir standen uns voller Mißtrauen gegenüber.

»Zeigen Sie mir das Geld«, erwiderte ich.

Sein Zögern war kaum merklich. Dann ging er zu dem Panzerschrank in der Ecke des Zimmers. Er öffnete die Stahltür. Sein Rücken war mir zugekehrt.

Plötzlich wandte er sich um und starrte mich an. Ich sah das Flackern in seinem Blick. Er hatte offensichtlich Angst vor mir. Der Gedanke daran amüsierte mich. Ich mußte lächeln. Seine Furcht hatte die meine beseitigt. Ich sah ihn an und sagte ruhig: »Ich bin unbewaffnet. Ich beabsichtige keinen Raubüberfall.«

Er erwiderte nichts, sondern entnahm dem Schrank bloß ein Paket. Es war die Zeitung ›La République‹, die zum Einwickeln benutzt worden war.

Ich streckte ihm meine flache Hand entgegen. Die Filme lagen darauf. Er konnte den Blick nicht von meiner Hand lösen, während er die Zeitung auseinanderschlug. Ich sah die Geldbündel.

Er ging zum Schreibtisch und zählte mir das Geld vor. Die Summe stimmte – es waren zwanzigtausend Pfund.

Jede Gier, das Geld zu besitzen, war nun aus mir verschwunden. Jetzt, da es vor mir lag, schien mir die Höhe des Betrages selbstverständlich! Wenn ich etwas wollte, so war es nicht mehr dieses Geld, das ich schon als mein Eigentum betrachtete, sondern mehr. Viel mehr!

Er raffte das Geld mit einer raschen Bewegung wieder zusammen und legte es in den Schrank zurück, den er verschloß.

»Ich muß erst die Filme entwickeln«, sagte er hart. »Ich kaufe keine Katze im Sack!«

Ich mußte die Forderung akzeptieren. Ich sah keinen anderen Weg. Ich gab ihm die Filme, und er verließ hastig den Raum.

Ich weiß nicht mehr, was in der nächsten Viertelstunde in mir vorging. Hatte ich wieder Angst, betrogen zu werden? Würden sie die Filme und das Geld behalten – und mich davonjagen? Vielleicht saß ich auch nur wie betäubt auf einem der Bürostühle und wartete in dumpfer Geduld, was geschehen würde.

Es erschien mir endlos lange, bis Moyzisch wiederkam. Dann stand er plötzlich in der Tür. Sein Gesicht war ausdruckslos. Wir starrten uns an und taxierten uns ab.

Schließlich entspannten sich seine Züge. »Einen Whisky?« fragte er.

»Erst das Geld«, antwortete ich.

Er zögerte nicht mehr und überreichte mir die Bündel, die ein Vermögen bedeuteten. Dann schob er mir einen vorbereiteten Zettel hin. »Quittieren Sie!«

Ich glaubte, mich verhört zu haben. Ich mußte lachen. Das Lachen befreite mich endgültig von meiner Nervosität. »Ich bin doch nicht blöd!« sagte ich.

Er starrte auf den Zettel in seiner Hand, dann grinste er. »Wir sind so bürokratisch ...« Er zerriß den Zettel.

Der Whisky war ausgezeichnet. Wir tranken uns zu. Ich leerte mein Glas auf einen Zug. Ich hatte den dringenden Wunsch, das Haus zu verlassen.

Ich erinnerte ihn an meine anderen Forderungen: »Geben Sie mir die Leica und die Filme!«

Er holte die Sachen aus seinem Schreibtisch. »Noch etwas?« fragte er kühl.

Ich nickte: »Wenn wir uns wieder treffen, möchte ich einen Revolver.«

»Wozu?«

»Ich möchte einen Revolver. Das ist eine Bedingung!«

»Sie bekommen die Waffe.«

»Dann bis morgen«, sagte ich und wandte mich zum Gehen.

»Bis morgen?« fragte er hastig.

»Ich werde Ihnen wieder Filme bringen. Ich habe sie schon ...«

Er sagte unruhig: »Ich habe aber noch kein Geld, um weitere Lieferungen zu bezahlen.«

Ich zuckte die Achseln. »Dann zahlen Sie eben ein anderes Mal. Sie haben ab sofort bei mir Kredit.«

Ich verließ die Botschaft auf dem gleichen Weg. Durch die Lücke im Zaun.

Jetzt war ich ein reicher Mann.

Mara fragte nicht danach, woher das Geld kam. Ich kaufte ihr Kleider im ABC am Atatürk Bulvar, dem elegantesten Geschäft der Stadt.

»Wenn man uns hier sieht, wird man sich fragen, wieso wir uns das leisten können . . .«

Ich winkte ab. »Die sind zu dumm, um uns zu sehen!«

Ich erfüllte Maras Träume nach teurem Parfüm, kostbarer Wäsche – und Whisky.

Manchmal ekelte es mich, zu sehen, welche Mengen sie in sich hineinzugießen vermochte, aber gleichzeitig faszinierte mich ihre Hemmungslosigkeit. Ihre heisere, trunkene Stimme, ihr mitreißendes Lachen waren Drogen, von denen ich nicht genug bekommen konnte.

Wir mieteten ein Haus auf den Hügeln von Kavaklidere und betäubten unser Gewissen.

»Du bist nicht beim türkischen Geheimdienst«, sagte sie.

»Das habe ich auch nie behauptet. Das hast du dir selbst so gedacht.«

»Ich will nicht wissen, woher du das Geld hast.«

»Ich würde es dir auch nicht sagen.«

Es war kein großartiges Haus, aber es war ausgelegt mit weichen Teppichen, der Eisschrank war gefüllt, und das Radio spielte ohne Unterlaß Tanzmusik. Es war unsere Oase. Kein Kawaß in Ankara besaß ein eigenes Haus.

Ich erwischte Mara, wie sie einmal alle Schränke durchwühlte.

»Das Geld ist nicht hier!« sagte ich spöttisch.

Es machte ihr nichts aus, ertappt worden zu sein. Sie schämte sich nicht. Sie lachte bloß und warf sich mir an den Hals. Wir weigerten uns, daran zu denken, daß sich unser Leichtsinn rächen könnte.

Das Geld lag in meiner Dienerkammer in der britischen Botschaft. Ich vertraute eher auf die britische Ahnungslosigkeit als auf Maras Verläßlichkeit. Ich hatte es unter dem Teppich ausgebreitet. Ich genoß das Gefühl, darüber hinzuschreiten.

Das zweite Treffen mit Moyzisch war nur kurz. Ich gab ihm die Filme mit den Dokumenten von der Moskauer Konferenz. Er gab mir den Revolver.

»Sie waren Diener bei Botschaftsrat Jenke?«

»Wenn er es Ihnen gesagt hat, wird es stimmen.«

»Er sagt, vor sechs oder sieben Jahren wären Sie sein Kawaß gewesen.«

Wenn Jenke das gesagt hatte, so war es gelogen. Vor sechs Jahren war ich noch in Istanbul. Ich aber hatte ihm hier in Ankara gedient. Vielleicht war es ihm peinlich, zuzugeben, daß ich einmal bei ihm ebenso angestellt war wie jetzt bei Sir Hughe. Vielleicht würde ihn sein Schwager Ribbentrop sonst fragen, ob ich ihn genauso hintergangen hätte, wie ich nun die Gegenseite hinterging . . .

»Herr Jenke muß wissen, was er sagt«, antwortete ich Moyzisch.

»Er kann sich nicht an Ihren Namen entsinnen . . .«

»Das bedaure ich zutiefst.«

»Wie heißen Sie?«

»Wenn es Herrn Jenke wieder einfällt, wird es auch mir wieder einfallen.«

Es war eines dieser vielen Gespräche, in denen Moyzisch versuchte, mich auszuholen.

Sie gaben mir einen Decknamen. Den Namen eines großen Römers, der für seine Beredsamkeit berühmt war. Botschafter von Papen meinte, die Unterlagen, die ich brachte, redeten eine vorzügliche Sprache.

Als Mara eines Tages den Revolver bei mir entdeckte, flüsterte sie: »Manchmal habe ich Angst, Elyesa.«

»Du mußt mich Cicero nennen . . .«

Sie blickte mich verständnislos an. Nur wenn Cicero eine Whiskymarke gewesen wäre, hätte sie Bescheid gewußt.

Ich sagte eitel: »Es gibt jetzt ein paar Leute, für die heißt der wichtigste Mann auf der Welt Cicero!«

Später erfuhr ich, daß die Deutschen lange an der Echtheit meiner Lieferungen gezweifelt hatten. Es war für die Dienststellen in Berlin unvorstellbar, daß ich Zugang zu solchen Geheimnissen haben könnte.

Aber in von Papens Memoiren las ich nach vielen Jahren:

>... der erste Blick hatte mich überzeugt, daß vor mir die Kopie eines tatsächlich vom Foreign Office an seinen Botschafter in Ankara gerichteten Telegramms lag. Form, Inhalt und Fassung konnten keinen Zweifel lassen, daß es sich hier um Originale handelte. Die Lektüre der Telegramme ergab, daß dies Antworten von Sir Hughe Knatchbull auf Anfragen von Außenminister Eden waren und detaillierte Instruktionen des Foreign Office über die Möglichkeiten, wie man die Türkei am Kriege beteiligen könne ...<

Damit bezog sich Botschafter von Papen auf jene Telegramme, die ich fotografiert hatte, während er beim Staatsempfang anläßlich des türkischen Nationalfeiertags Sir Hughe, seinem Feind, begegnet war. Dennoch dachte Berlin lange Zeit, daß ich ein Betrüger sei.

Inzwischen aber vermehrten sich die Geldscheine unter meinem Teppich rapide. Dreißigtausend Pfund, fünfundvierzigtausend Pfund, fünfundsiebzigtausend ... Ich zählte längst nicht mehr nach, wenn mir Moyzisch die Bündel in die Hand drückte. Ich war sicher, daß mich der Deutsche nicht betrog.

Ich fing an, Wert auf die Pflege meiner Hände zu legen. Ich ließ mich maniküren, verlangte nach der Rasur Gesichtsmassage – ich rasierte mich nicht mehr selbst. Und ich begann, Mara mit deutlicher Verachtung zu behandeln.

»Ich sehe dich kaum noch ...« Sie setzte eine Leidensmiene auf.

»Ich habe keine Zeit. Ich muß arbeiten.«

»Das ist nicht wahr. Du warst in der Halle vom Palas-Hotel. Ich habe dich reingehen gesehen ...«

»Dann weißt du ja, wo ich war.«

Ihre Stimme, die so hinreißend heiser sein konnte, hatte einen nörgelnden Klang bekommen.

Mara konnte mir kaum noch nützen. Alles, was ich brauchte, fand ich in der Botschaft. Es war nicht mehr nötig, daß ich ins Haus von Mr. Busk ging. Was mich betraf, war Mara, die Busksche Kinderpflegerin, arbeitslos geworden. Ihr Kummer und ihr Whiskyverbrauch nahmen zu.

»Trink nicht soviel!« forderte ich.

»Was kümmert es dich?« fragte sie mit Melancholie in der Stimme.

Ich zuckte die Achseln. Wir stritten uns jetzt häufig, und ich hatte so gar keine Lust, zu streiten. Ich mied sie einfach. Ich konnte stundenlang in meiner Dienerkammer sitzen, die Beine weit ausgestreckt auf dem Geldteppich, in die Betrachtung meiner gefeilten und polierten Fingernägel vertieft. Mein neuer Anzug war vom ersten Schneider der Stadt – ich durfte mich darin im Gebäude der Botschaft nicht sehen lassen. Nur heimlich zog ich ihn an; dann betrachtete ich mich im Spiegel. Ein Vorschuß auf die kommende Zeit der Ungebundenheit und Eleganz ... Später. Irgendwann. Vielleicht bald!

Ich würde nach Bursa fahren. Gelegen am Fuße des Uludag. Gegründet von Hannibal. Berühmtes Thermalbad. Das Feinste vom Feinen. Landschaft und Klima wie in der Schweiz. Der Stolz der Türkei. Dort, wo niemand meine Herkunft ahnte, würde ich mich erholen. Ein distinguierter Herr unter seinesgleichen. Kawaß außer Dienst ...

Es war an einem dieser Abende in meiner Kammer, als ich zum erstenmal davon träumte, mir in Bursa ein Hotel zu bauen.

Meine Unverschämtheit wuchs mit jedem Tag. Die Geheimakten in der britischen Botschaft zu fotografieren, wurde zu einem Nervenkitzel, den ich benötigte, um ruhig einschlafen zu können. Ich spielte mit der Gefahr, entdeckt zu werden, aber ich hielt es längst für unmöglich, daß das geschehen könnte!

Mara stellte ihre penetranten Fragen. »Für wen arbeitest du eigentlich? Sag mir, für wen du eigentlich arbeitest!«

»Das geht dich nichts an!«

Ich behängte sie mit teuren Kleidern, überschüttete sie mit duftiger Wäsche, kassierte kühl ihre leidenschaftliche Dankbarkeit.

Die großen Gefühle waren vorbei. Wir trugen unsere Liebe zu Grabe, Mara unter Tränen, ich wie ein entfernter Verwandter, der nicht umhin kann, zur Beerdigung zu kommen.

Ich fotografierte, was mir unter die Finger kam.

Telegramm Nr. 1594 vom Foreign Office, London, an Sir Hughe Knatchbull-Hugessen, Botschafter in Ankara:

›... Sie müssen sich daran erinnern, daß wir durch das in Moskau unterzeichnete Protokoll verpflichtet sind, die Türkei bis Ende des Jahres in den Krieg hineinzubringen ...‹

Es war von Außenminister Eden unterzeichnet.

Ich haßte Eden wegen dieses Telegramms. Sie sollten ihren Krieg führen und ihn beenden! Aber sie sollten die Türkei aus dem Spiel lassen! Sollte Bursa ein Schlachtfeld werden? Oder ein Bomberziel? Bursa, wo ich ein Hotel bauen wollte!? Was gingen mich die Großen der Welt an! Als Gäste des prächtigen Hotels, von dem ich träumte, wären sie mir willkommen – als Absender todbringender Telegramme verriet ich sie. Ein Kawaß, der Schicksal spielte!

Sir Hughe ging zu Numan Menemencioglu, dem Außenminister der Türkei. Ich reichte Sir Hughe zu diesem Zweck ein frisches Taschentuch und seine grauen Handschuhe. Welche Antwort würde Numan dem Briten erteilen? Einen Tag nur brauchte ich mich zu gedulden.

Ich fotografierte die Antwort, notiert im Telegramm Nr. 875 von Sir Hughe, Ankara, an das Foreign Office, London:

›... Numan versicherte mir, er sei bereit, mitzumachen, sobald es klar sei, daß die Operationen im Westen erfolgreich begonnen hätten...‹

Sie behandelten den Krieg wie eine Einladung zur Gartenparty, zu der man erst dann hingeht, wenn man sicher ist, daß es nicht regnen wird ...

Ich gab Moyzisch die Filme. Wir trafen uns jetzt immer in seinem Auto, einem Opel Admiral. Er fuhr langsam bestimmte Straßen entlang, bis ich mich bemerkbar machte. Dann stieg ich rasch in den Wagen, und wir tauchten in den winkeligen Straßen der Vorstädte unter.

Zusammengeduckt hockte ich auf dem Rücksitz, den Mantelkragen hochgeschlagen. Wir fuhren über den Ulus Meyden, den belebtesten Platz Ankaras, nichts als ein Auto unter unzähligen. Es wäre schwer gewesen, uns zu verfolgen. Die Lichtreklamen flirrten, lebten grell hinter dem leichten Dunst der Nacht wie hinter einem Schleier.

Ich starrte auf Moyzischs Nacken. Irgendwann einmal würde ich einen Chauffeur haben und nicht geduckt im Fond sitzen!

Die Straßen wurden stiller und enger. Ich drehte mich um, blickte durch das Rückfenster, konnte aber keinen Wagen erkennen, der uns vielleicht gefolgt wäre. Ich setzte mich aufrecht und zündete mir eine Zigarette an. Es war das Zeichen, daß die Luft rein war. Moyzischs Haltung am Steuer entspannte sich.

Ich legte die Aufnahmen, die ich gemacht hatte, auf den Sitz neben ihm und nahm das Geldpaket, das dort für mich bereit lag.

Gleich würde er wieder mit seinen Fragen kommen! Er hatte immer so unendlich viele Fragen zu stellen.

»Wann haben Sie beschlossen, für uns zu arbeiten?«

»Schon vor zwei Jahren. Ich habe alles von langer Hand vorbereitet ...« Ich gab ihm die Antworten, wie sie mir gerade einfielen.

»Arbeiten Sie allein?«

»Ja ...«

»Berlin glaubt nicht, daß ein Mann allein so viele Aufnahmen machen kann. Sie müssen Helfer haben.«

»Meine Hände sind meine Helfer. Ich habe geschickte Hände.«

»Es ist unmöglich, daß man das Geheimmaterial in der britischen Botschaft so leichtfertig herumliegen läßt.«

»Es liegt gar nicht so leichtfertig herum. Ich hole es mir unter größter Gefahr.«

Es machte mir Spaß, Auto zu fahren. Es hat mir immer Genuß bereitet. Dafür mußte ich seine Fragen aushalten. Es machte mir nicht viel aus.

»Wie heißen Sie?«

Wie oft hatte er mich das schon gefragt!

Ich grinste, als ich seinen kurzen Blick im Rückspiegel sah. »Cicero«, antwortete ich.

Er machte eine ärgerliche Geste und war für eine Weile stumm.

»Fahren Sie mich in die Gegend der britischen Botschaft. Ich möchte aussteigen . . .«

»Ist es nicht gefährlich für Sie, wenn ich Sie gerade dort absetze?«

»Auf eine Gefahr mehr oder weniger kommt es nicht an . . .«

Wir bogen in den Atatürk Bulvar ein. »Warum arbeiten Sie für uns?«

»Sie zahlen gut. Das wissen Sie doch selbst.«

»Ist das der einzige Grund?«

»Was sollte ich sonst für Gründe haben?«

»Ich möchte, daß Sie mir den wahren Grund nennen!« Seine Stimme war eindringlich. Sie klang, als hätte er Verständnis für die Tiefen meiner Seele.

Ich schwieg. Vielleicht war er ein Agent, der bei mir, seinem Spion, das Tremolo des Idealisten vermißte.

Deutsche sind nun einmal so!

Er forderte noch einmal, ganz leise und voller Ernst: »Nennen Sie mir den wahren Grund!«

Ich zog die Fahne hoch, die er zu sehen wünschte. Tonlos sagte ich: »Ich hasse die Engländer!«

Endlich hatte er also seinen Willen. Er nickte, als wäre es das gewesen, was er insgeheim längst vermutet hatte. Er legte eine Minute des Schweigens ein, vermutlich aus Respekt vor der Größe meines Hasses. Ich belohnte seine Gläubigkeit. Es brach aus mir heraus, als erstickte ich am Schmerz der Erinnerung. Ich berauschte mich an der Lüge, und meine Stimme klang heiser bei der Vorstellung, daß das, was ich sagte, wahr sein könnte.

»Ein Engländer hatte meinen Vater getötet!«

Moyzisch zuckte zusammen. Jetzt hatte er das, was er wollte; das, was er von nun an für den wahren Grund hielt!

Ich weckte ihn aus seinen Gedanken. »Ich nehme an, daß Sie einen Nachschlüssel herstellen lassen können . . .«

Er war noch bei meiner Lüge, die er für die Wahrheit hielt.

»Ja . . .«, murmelte er.

Ich gab ihm den Abdruck des Schlüssels für die schwarze Kassette, die nachts auf Sir Hughes Nachttisch zu stehen pflegte.

Ich sagte: »Einen Nachschlüssel für eine bestimmte Kassette habe ich selbst anfertigen lassen können. Der hier ist zu schwierig . . .«

»Es wird erledigt«, murmelte er.

Wir fuhren die Hügelstraße hinauf, in der die Botschaft liegt.

»Fahren Sie langsamer!«

Er nahm den Fuß vom Gashebel. »Es tut mir leid, daß ich durch meine Fragen Dinge berührt habe . . .«

Für einen Angehörigen des deutschen Sicherheitsdienstes war er sehr empfindsam.

Ich sagte: »Schalten Sie die Scheinwerfer aus!«

Er gehorchte.

Ich sprang aus dem langsam fahrenden Wagen, lief ein paar Schritte nebenher und schlug die Tür zu. Moyzisch gab Gas, und gleichzeitig flammten die Scheinwerfer wieder auf.

Ich stand auf der dunklen Straße. Ein Frösteln überlief mich. Plötzlich war auch die Furcht da, die Angst vor dem Zorn eines friedlich Verstorbenen, der mein Vater gewesen war und dessen Andenken ich mißbraucht hatte. Die Pappeln am Hügel ragten in die Nacht wie drohende Schatten. Es war ein hilfloses Grinsen, mit dem ich versuchte, die Furcht zu bannen. Das Licht des nächsten Morgens vertrieb meine abergläubischen Gedanken. Und das Licht der Hundert-Watt-Birne in meiner Nachttischlampe stach grell auf die papiernen Unterlagen, in denen von der harten Wirklichkeit des Krieges die Rede war.

Die für Sir Hughes dechiffrierten Telegramme und Memoranden nahmen ihren Weg durch meine Dienerkammer. Es war eine seltsame Art nächtlicher Zwiesprache, die ich mit den Großen dieser Welt hielt, deren Namen in den Dokumenten auftauchten: Roosevelt, Hopkins, Churchill, Eden, Stalin, Molotow ...

Churchill sagte später in seinen Memoiren:

›... vermochten wir die Türkei für uns zu gewinnen, so konnten wir, ohne einen einzigen Mann, ein einziges Schiff und einen einzigen Flieger von unseren Hauptschlachtfeldern abzuziehen, mit Unterseebooten und leichten Flotteneinheiten ins Schwarze Meer einfahren, Rußland die rechte Hand reichen und ihm das Material für seine Armeen auf einer weit weniger kostspieligen, schnelleren und viel ergiebigeren Route zuführen als über das Eismeer ...‹

Das war das Problem, präzise ausgedrückt ... Ich las es im Detail, manchmal im einzelnen für mich unverständlich, dann wieder brutal deutlich in den Telegrammen, die ich fotografierte.

Immer wieder tauchte der Deckname *Overlord* vor meiner Kamera auf. Nach und nach wurde deutlich, daß damit nur jene zweite Front gemeint sein konnte, die die Russen von ihren Alliierten forderten und die dann später als die Invasion in Frankreich in die Geschichte einging.

Ein Telegramm:

›Wenn die Türkei auf unserer Seite steht, so werden die Eskorten frei, die wir für *Overlord* so dringend benötigen ...‹

Ein Memorandum:

›Aussprache mit Numan Menemencioglu wegen Kriegsbeteiligung. Die Türken zögern. Wenn es uns gelingt, sie zu überreden, wäre es ein furchtbarer Schlag für Deutschland ...‹

Vom 28. November bis zum 1. Dezember 1943 tagte die Konferenz der Großen in Teheran. Stalin erklärte, der deutsche Generalstab müsse nach Kriegsende liquidiert werden. Die Schlagkraft der Deutschen hänge von etwa fünfzigtausend Offizieren und Sachverständigen ab.

›... sie sind festzunehmen und zu erschießen. Dann ist Deutschlands militärische Kraft für immer gebrochen ...‹

Zu *Overlord* erklärte Churchill, es sei nicht die eigentliche Landung, die ihm Sorgen bereite, sondern das, was sich etwa einen Monat danach ereignen werde, wenn die Deutschen ihre Truppen zum Gegenschlag formieren könnten.

›... die Rote Armee muß zu diesem Zeitpunkt die Deutschen binden; wir selbst werden sie in Italien festhalten, und wenn dann noch die Türken aktiv werden, werden wir siegen...‹

Und einem Telegramm an Sir Hughe vom Außenministerium entnahm ich:

›... in Ägypten liegen siebzehn Fliegerstaffeln. Wenn sich die Türken durch deutsche Bombenangriffe bedroht fühlen sollten, reichen sie als Fliegerschutz aus. Außerdem können auf türkischem Boden drei Flakregimenter stationiert werden...‹

Churchills Ansicht dazu: › ... Ich wünsche vor allem Luftstützpunkte in der Gegend von Smyrna und Badrun ... Wenn wir auf ihnen unsere Staffeln installieren könnten, wäre der Luftraum schnell gesäubert ... Die deutschen Inselgarnisonen müssen wir aushungern. Falls die Türkei aktiv eingreift, fallen die Inseln von selber. Es wäre dann gar nicht nötig, Rhodos anzugreifen. Die Deutschen müssen diese Inseln versorgen. Wenn wir von der Türkei aus über Fliegerschutz verfügen, können unsere Zerstörer die deutschen Geleitzüge abfangen ... Stützpunkte in der Türkei erlauben uns die Ausübung eines ständigen Drucks auf die Deutschen, und das ist eine Vorbereitung für *Overlord* ...‹

Ich las das alles, fotografierte es, sprang bei den nächtlichen Rendezvous in Moyzischs Opel Admiral, und die Deutschen wußten, was ihre Feinde dachten, planten und wie sie sie bedrohten. War Moyzisch nicht auch einer von diesen fünfzigtausend Sachverständigen, die Stalin erschießen lassen wollte?

Es waren Geistergespräche, die ich mit den Großen der Welt in meiner Dienerkammer führte.

Ich fragte: »Was geht mich *Overlord* an?«

Und ich fügte hinzu: »Was helfen mir eure siebzehn Fliegerstaffeln in Ägypten, wenn nur eine deutsche Bombe auf Ankara fällt und zum Beispiel mich, Elyesa Bazna, den Kawassen trifft?«

Ich kannte die Kellerräume der britischen Botschaft. Vielleicht hielt Sir Hughe sie für bombensicher – ich bin ihm dort unten nie begegnet! Ich jedenfalls hielt die Mauern für schwach ...

Ich fragte mich: »Was habe ich davon, wenn die Deutschen auf der Insel Rhodos ausgehungert werden, wenn mit dem Krieg der Hunger auch in die Türkei einziehen wird – wie in jedes kriegführende Land?«

Ich war allein in meiner Kammer. Und meine Einwände prallten von den Namen Roosevelt, Churchill und Stalin ab, die ich auf den Dokumenten las.

Was hatte Churchill in Teheran zu Stalin gesagt? Man müsse unbedingt und mit allen Mitteln versuchen, die Türkei in den Krieg zu zwingen.

Und Stalin hatte ihm geantwortet: »Ich bin unbedingt für den Versuch! Wenn nötig, müssen wir sie am Genick packen!«

In diesem Krieg der Welt war ich ein kleines Nichts. Aber ich war einer von den Türken, die Stalin am Genick packen wollte. Ich konnte nichts dagegen tun. Ich konnte nur fotografieren – eine schäbig kleine Gegenmaßnahme, ebenso schäbig und klein wie die Tatsache, daß ich dafür Geld nahm.

Mein Alltag spielte sich ab, als säße ich im Kino und sähe einen Film, der mich nicht interessierte. In dem Film kam ein britischer Botschafter vor, der von seinem Kawassen täglich um halb acht Uhr früh mit einem Glas Fruchtsaft geweckt wurde. Der Kawaß wünschte einen guten Morgen und zog die Vorhänge des Schlafzimmers beiseite.

Lady Mary spielte in dem Film mit, die Gattin des Botschafters, schön und unnahbar, eine Dame, die den Gruß eines Kawassen kaum wahrnimmt, wenn er ihr auf einem Korridor begegnet. Und der Kawaß bügelte Botschafterhosen, bereitete Botschafterbäder, nähte Botschafterknöpfe fest ...

Der Kawaß war ich – ich erkannte mich deutlich in dieser Dienerrolle, die mir so unwirklich und nichtig erschien.

Waren wir nicht alle Schatten, die aneinander vorbeiglitten, ohne sich zu sehen? Wie unwirklich war der Alltag doch geworden! Ich ging den Flur entlang, der zum Arbeitszimmer Sir Hughe Knatchbull-Hugessens führte. Der Botschafter war außer

Haus. Ich hatte mein Staubtuch in der Hand ... Das Staubtuch war mein Passierschein, der mir Zugang in feindliches Gebiet gestattete, in dem ich Sabotage trieb.

Lady Mary kam mir entgegen. Ich grüßte, sie antwortete mit einem flüchtigen Nicken. Ich betrat das Arbeitszimmer des Botschafters.

Wie unwichtig war ich für Lady Mary! Aber es rächt sich, mich nicht zu beachten! Bei diesem Gedanken mußte ich lächeln.

Das Telefon im Arbeitszimmer Sir Hughes war das einzige, von dem Gespräche ohne Einschaltung der Hausvermittlung geführt werden konnten. Ich wählte die Nummer der deutschen Botschaft und verlangte Moyzisch. »Hier Pierre«, meldete ich mich. Er wußte, daß das wieder ein Rendezvous bedeutete. Wir trafen die Verabredung in einem Agentenkauderwelsch, das mir Moyzisch beigebracht hatte und das ich lächerlich fand. »Treffen wir uns morgen zum Bridge?«

Das bedeutete heute um zweiundzwanzig Uhr an einem schon beim letztenmal festgelegten Ort.

Offensichtlich behagte ihm der Termin diesmal nicht. Vielleicht hatte er etwas anderes vor – ein Mädchen vielleicht, ich wußte es nicht. »Geht es nicht später?« fragte er.

»Nein ...«

Er zögerte. »Kann ich Sie nicht irgendwo erreichen? Kann ich Sie anrufen?«

Ich grinste. »Natürlich! Rufen Sie gleich zurück! Ich bin im Arbeitszimmer meines Chefs. Haben Sie die Nummer?«

Er brauchte eine Weile, um meinen Leichtsinn zu verdauen. »Sie sind verrückt!« Dann murmelte er: »Also gut, morgen beim Bridge.«

Er legte auf, so hastig, als wäre er es, der sich die Finger an einem britischen Telefon verbrennen würde.

Ich drückte die Gabel hinunter und säuberte mit meinem Staubtuch sorgfältig Hörer, Gabel und Wählscheibe, damit Sir Hughe nie Grund hätte, mir Nachlässigkeit vorzuwerfen ...

5

Die schwarze Kassette

Wir trafen uns im Stadtteil Kocatepe, an einer Ecke der Akay-straße. Moyzisch war wütend. Warum? Weil ich ihm ein Ren-dezvous mit einem Mädchen verdorben hatte? Weil er meinen Leichtsinn verfluchte? Was war schon dabei! »Sie sind wahnsin-nig, von diesem Apparat aus anzurufen!«

»Fahren Sie los«, befahl ich lässig.

Er fuhr an, als wollte er seinen Zorn am Wagen abreagieren.

Ich sagte kühl: »Noch leichtsinniger wäre es gewesen, die Botschaft um diese Tageszeit zu verlassen, zu der es meine Pflicht ist, dort Staub zu wischen.«

»Wenn man Sie beim Telefonieren erwischt hätte! . . .«

»Dann hab' ich eben mit meiner Freundin telefoniert . . . Selbst wenn ich denen gesagt hätte, ein Deutscher wäre am an-deren Ende, hätten sie es nicht geglaubt!« Es klang unverfroren. Aber es war meine feste Überzeugung. »Mir passiert schon nichts«, sagte ich und lehnte mich bequem in den Sitz zurück.

Wir tauschten Filme und Geld aus. Moyzisch gab mir, immer noch ärgerlich, den Nachschlüssel für die schwarze Kassette. »Hoffentlich paßt er auch«, murmelte er.

»Ich werde ihn noch heute nacht ausprobieren«, sagte ich.

Er warf mir einen Blick zu. »Manchmal sind Sie mir unheim-lich . . .«

Ich lächelte selbstzufrieden und genoß den Eindruck, den ich auf ihn machte.

Wir fuhren durch stille, leere, nachtdunkle Straßen. Nur ab und zu waren die Scheinwerfer eines anderen Wagens hinter uns. Ich kurbelte das Fenster herunter. Es tat mir gut, die kühle Luft einzuatmen.

»Warum hat der Engländer Ihren Vater getötet?«

Seine Frage traf mich unerwartet. Ich preßte die Lippen zusammen. Warum konnte er denn damit nicht aufhören?

»Das geht keinen was an!«

»Berlin möchte es wissen«, erwiderte er ruhig. »Man hat Ihnen immer noch die ganze Zeit mißtraut . . .«

»Das ist mir egal . . .«

Das Fernlicht eines Wagens hinter uns blendete kurz auf, aber er überholte uns nicht. Moyzisch sagte besänftigend: »Jetzt, wo man den wahren Grund kennt, warum Sie für uns arbeiten, sieht es für Berlin ganz anders aus . . .«

»Was beweist die Geschichte mit meinem Vater schon? Ich könnte Sie doch angelogen haben.«

»Das glaube ich nicht«, meinte er ernst. »Warum hat der Engländer Ihren Vater getötet?«

Er ließ nicht locker.

Ich erzählte: »Angeblich war es ein Jagdunfall. In den mazedonischen Bergen. Die Behörden haben die Untersuchung niedergeschlagen . . .«

Ich redete, was mir einfiel, nur damit er keine weiteren Fragen mehr stellte. Ich bat meinen Vater um Verzeihung für die Lüge, in die ich sein friedliches Sterben verwandelt hatte. Wieder hielt mich die abergläubische Furcht gepackt.

»Kannten Sie den Engländer, der es getan hat?«

»Ja doch! Aber hören Sie schon endlich auf damit!«

Er fragte leise: »Kennen Sie ihn immer noch? Ist es ein Diplomat?«

Was mochte er sich da zusammenreimen? Ging die Fantasie mit ihm durch? Hatte ihm Berlin diese Fragen diktiert?

»Ich antworte nicht mehr! Ich beantworte keine einzige Frage mehr . . .«

Seine Haltung wurde gespannt. Ich sah, wie er dauernd in den Rückspiegel sah und wie seine Finger das Lenkrad plötzlich umkrampften.

Er fuhr an den Bürgersteig, stoppte den Wagen.

»Was ist los?«

Er antwortete nicht. Er fuhr wieder an, bog in die nächste Straße ein. Sie war leer, kein Licht hinter den Fenstern, ein ärmliches Viertel, das dankbar war für die Nacht, in der sich seine Armut verbergen konnte. Nur die Scheinwerfer eines Wagens tauchten kurz in unserem Rückspiegel auf. Moyzischs Blick saugte sich im Rückspiegel fest. Er gab Vollgas, und wir jagten die Straße hinunter. Ich fühlte, wie die Innenflächen meiner Hände feucht wurden.

»Wir werden verfolgt!« stieß ich hervor.

Moyzischs Rücken war verkrampft. Er zog den Wagen scharf um eine Straßenbiegung.

»Merken Sie es auch schon!« rief er wütend. »Warum haben Sie Idiot auch das Botschaftertelefon benützt!« Moyzisch fuhr langsamer – der Wagen hinter uns ebenfalls. Moyzisch hielt noch einmal an. Auch der andere stoppte. Dann jagten wir wieder in wilder Fahrt durch die Nacht, doch der Wagen hinter uns ließ uns nicht los.

Mit einer sinnlosen Lüge hatte ich den Frieden eines Verstorbenen gestört. Dafür bezahlte ich nun mit der nackten Angst . . .

»Wenn es jetzt aus ist, war es Ihre Schuld!« schrie mich Moyzisch an.

Ich war sicher, daß es meine Schuld war, aber nicht in dem Sinn, in dem es Moyzisch meinte.

Ich sagte: »Ich bin nicht verfolgt worden. Erst als ich im Wagen saß, ist er hinter uns hergekommen. Sie sind es, der beobachtet wird . . .«

Die Hetzjagd ging weiter, während wir uns darum stritten, wer schuld wäre. Wir setzten jetzt alles auf eine Karte und fuhren mit Vollgas durch winkelige Straßenschluchten. Wir riskierten, mit zerschmetterten Gliedern an einer Hauswand zu enden – aber wir stritten uns . . .

»Fahren Sie ins Botschafterviertel«, schrie ich. »Hinter einer Straßenecke springe ich ab!«

Moyzisch gab keine Antwort darauf, aber er nahm Richtung auf die Hügel von Cankaya.

Ich klammerte mich an die Hoffnung, daß man zwar wußte, welchen Wagen man verfolgte, daß das Interesse der Verfolger Moyzisch galt, dem deutschen ›Handelsattaché‹, der am Steuer saß, daß der Verfolger aber nicht erkannt hatte, wer in der Akaystraße zugestiegen war. Es war eine billige Hoffnung. Die Furcht, daß alles zu Ende sein könnte, war stärker.

»Los, machen Sie sich fertig!«

Moyzischs erregte Stimme schreckte mich auf. Vor uns tauchte im Scheinwerferlicht eine Nebenstraße auf. Moyzisch bog nach rechts ein.

Ich hielt mich mit aller Kraft fest. Moyzisch bremste so heftig, daß es uns fast aus den Sitzen hob. Ohne mich einen Augenblick zu besinnen, riß ich instinktiv die Tür auf und warf mich, ohne eine Sekunde zu zögern, aus dem Wagen. Ich stürzte, rollte auf den Bürgersteig, lag ausgestreckt und schwer atmend im Schatten eines Gartenzauns.

Die Rücklichter von Moyzischs Wagen verschwanden. Ich hörte das Heulen seines Motors. Da kam auch schon der andere heran. Er jagte an mir vorbei. In ihm war ein Mann. Allein. Ein geduckter Schatten über dem Steuer. Sekundenlang glaubte ich, ein Gesicht im schwachen Licht der Instrumente zu sehen. Bildete ich mir nur ein, daß es ein junges, glattes, ausdrucksloses Gesicht war?

Es dauerte eine Weile, bis mir die plötzliche Stille bewußt wurde. Irgendwo jagten jetzt zwei Wagen durch die Nacht, in die Verfolgung verbissen. Aber ich war allein.

Bildete ich mir nur ein, daß ich das junge, glatte Gesicht nie vergessen und unter Tausenden wiedererkennen würde?

Ich lag angekleidet auf meinem Bett. In mir war eine tiefe Erschöpfung. Die Gedanken hämmerten. Warum konnte ich nicht zu denken aufhören?

Hatten sie mich im Verdacht? Wußte der Mann mit dem jungen, glatten Gesicht, hinter wem er hergewesen war? Wußte Sir Hughe, was ich tat? Woher wußte er es? Warum war ich in die Botschaft zurückgekehrt? Wäre es nicht besser gewesen, sich zu verkriechen? Aber wenn sie noch gar nichts wußten?

Ich kam zu keinem Ende. Die Furcht war da. Ich mußte mich ihr stellen.

Meine Finger umklammerten den Nachschlüssel für die

schwarze Kassette. Einen Augenblick war ich versucht, ihn aus dem Fenster zu werfen. Aber ich wußte, daß ich es nicht fertigbringen würde. Der Zwang, ihn auszuprobieren, war stärker, wurde schließlich übermächtig.

Warum mußte ich das tun? Ich fand keine Erklärung. Brauchte ich noch diese Nacht den Sieg über die Furcht, um morgen nicht jedem ins Gesicht zu schreien: »Ich bin es, den ihr sucht!«?

Ich stand auf, doch meine Glieder waren wie gelähmt. Ich machte Stativ und Kamera bereit und schaltete die Hundert-Watt-Lampe ein. Ich tat es mit langsamen, mechanischen Bewegungen. Die Geschicklichkeit meiner Hände, auf die ich so stolz war, war verschwunden.

Ich trat hinaus auf den Flur. Alles war ruhig. Ich ging an dem Gemälde von König Georg vorbei. Ich ging auf Strümpfen.

Es war unausweichlich, daß ich es tat. Die Angst blieb bei mir. Hätten sie mich ertappt, wäre es eine Erlösung gewesen. Vor der Schlafzimmertür des Botschafters zögerte ich keinen Augenblick. Ich tat alles langsam, wie in Trance, aber ich zögerte nicht.

Geräuschlos öffnete ich die Tür, schloß sie hinter mir und ging auf das Bett zu. Ich war an der Tür nicht stehengeblieben, hatte nicht auf den Atem des Botschafters gelauscht. Ich ging auf sein Bett zu und blieb erst vor dem Nachttisch stehen, auf dem die Kassette stand.

Ich hatte mich in den Zwang ergeben. Vielleicht hatte der Botschafter die Augen geöffnet und starrte jetzt auf meinen Schatten, der dunkler war als die Dunkelheit des Zimmers. Ich durfte nicht zu ihm hinschauen. Ich hätte vor Hysterie geschrien.

Ein schmaler Streifen matten Lichtes fiel auf die Kassette. Vielleicht war der Vorhang nicht ganz geschlossen. Ich sah nicht hin.

Ich steckte den Schlüssel ins Schloß. Es ließ sich ganz leicht öffnen. Ich nahm alle Papiere heraus, die ich fühlte. Neben der Kassette stand ein Wasserglas. Es war geleert. Sir Hughe hatte wie gewöhnlich sein Schlafmittel genommen. Aber vielleicht wollte er mich auch nur täuschen.

Ich machte kehrt und verließ das Zimmer.

In meiner Kammer starrte ich auf die Papiere in meinen Händen, und plötzlich fingen sie zu zittern an. Ich legte mich auf mein Bett, wartete, daß das Zittern aufhörte.

War der Botschafter überhaupt in seinem Schlafzimmer gewesen? Vielleicht war sein Bett unberührt? Ich hätte es nicht zu sagen vermocht.

Ich erhob mich und fotografierte die Dokumente. Ich war unfähig, zu erkennen, was unter meiner Kamera lag. Nur der Text eines Telegramms drang in mein Bewußtsein. Ich sah die Handschrift von Sir Hughe. Er selbst hatte das Telegramm aufgesetzt. Es würde morgen chiffriert und dann an das Außenministerium in London abgeschickt werden.

Ich las: ›Papen knows more than is good for him.‹ – Papen weiß mehr, als für ihn gut ist . . .

Ich baute das Stativ ab, versteckte es – ebenso die Kamera und die Filme.

Sie wußten also, daß Papen wußte . . . Wußten sie auch, von wem er sein Wissen bezog?

Ich knipste meine Nachttischlampe aus, ging mit den Papieren ins Schlafzimmer des Botschafters zurück. Ich war plötzlich eiskalt und klar. Sie wußten . . .

Ich trat ein, lauschte. Ich hörte den Atem eines Schlafenden. Der Streifen Licht, der durch den Vorhang drang, fiel quer über das Bett. Ich sah ein blasses, schlaffes Gesicht. Ich ging zum Nachttisch.

Ich starrte auf Sir Hughe. Mein Gesicht verzerrte sich zu einem spöttischen Lächeln. Was immer der Schlafende auch wissen mochte, über mich wußte er nichts! Ich tat die Papiere in die Kassette zurück. Und da geschah es! Als ich den Schlüssel herauszog, stieß ich das Wasserglas um. Es zersplitterte am Boden.

Ich erstarrte mitten in der Bewegung. Ich atmete nicht. Aber das Seltsame trat ein, daß ich keinen Schrecken empfand. Keine Furcht, kein Entsetzen waren in mir. Ich stand vorgebeugt und blickte fest auf das Gesicht des Schlafenden.

Er regte sich, lag wieder still. Meine weitgeöffneten Augen waren auf die von Sir Hughe gerichtet, die geschlossen waren. Sein Atem wurde schwer, als preßte sich ein Kissen auf sein Gesicht. Ich starrte ihn an. Ich fühlte, daß er jetzt träumte, er werde bedroht.

6

›Papen weiß mehr, als für ihn gut ist‹

Ich hatte Mara im Verdacht. Warum sollte sie mich nicht verraten haben? Hatte ich sie in letzter Zeit nicht mit einer niederträchtigen Arroganz behandelt, die ihr deutlich machen mußte, wie gleichgültig sie mir geworden war?

Wir saßen in dem Häuschen, das ich gemietet hatte. Topfpflanzen in jeder Ecke. Ein geblendeter Kanarienvogel, weil solche, die nichts sehen, angeblich besser singen, hatte der Verkäufer erklärt. Eine Wasserpfeife für mich, die ich nicht rauchte und die mir Mara von meinem Geld geschenkt hatte. Das Radio dudelte, der Vogel flötete, die Pfeife verstaubte, und die Whiskyflasche war stets in Griffnähe. Das war die Behaglichkeit, wie Mara sie verstand.

Ich belauerte sie, suchte nach Zeichen ihres Verrats.

Hatte sie sich Busk anvertraut, dem Ersten Sekretär der Botschaft? Vielleicht nicht in Bausch und Bogen. Vielleicht hatte sie ihm nur einen kleinen Tip gegeben . . .

»Mr. Busk, ich weiß was . . . natürlich nichts Genaues . . .«

Vielleicht hatte sie nur eine kleine weibliche Rache gestartet, die mir zum Verhängnis werden konnte. »Was macht das Buskbaby?« Ich fragte, als ob es mich brennend interessierte.

Sie antwortete einsilbig. »Es geht ihm gut . . .«

Sonst konnte sie nicht überdrüssig werden, mir tausend Geschichten von dem Kind zu erzählen, dessen Pflegerin sie war! Mara war verändert . . .

Sie spürte meine Nervosität. Sie sah mich mit seltsamen Augen an. Oder bildete ich mir das nur ein?

Ich sagte mir, daß ich Gespenster sähe. Aber es gab kein Mittel dagegen.

»Hast du Ärger mit dem Botschafter?«

Ich zuckte bei ihrer Frage zusammen. Ich starrte sie an, um zu erfahren, was hinter ihrer Stirn vorging. »Nein – weshalb sollte ich?«

Warum hatte sie diese Frage gestellt? Was wußte sie?

»Ich dachte bloß. Du bist so komisch . . .«

Sie sah mich dabei nicht an. Ihre Stimme klang ganz natürlich. Sie lackierte mit Aufmerksamkeit ihre Fingernägel.

Ich hatte ihre Hände einmal für feingliedrig gehalten. Jetzt erschienen sie mir knochig. Ihre Beine waren dünn, ihre Augen leer und ausdruckslos, und ihre so hinreißend heisere Stimme hatte ihren Zauber für mich verloren. Mara war für mich nur noch das simple Ergebnis von zuviel Zigaretten und noch mehr Alkohol. Seitdem ich keine Gefühle mehr für sie empfand, sah ich sie mit anderen Augen.

»Ich bin nicht komisch«, murmelte ich ärgerlich.

Ich hatte wirklich keinen Ärger mit dem Botschafter gehabt.

Am Morgen nach dieser grauenhaften Nacht war ich in sein Zimmer gegangen, hatte wie üblich die Vorhänge beiseite gezogen, guten Morgen gewünscht, Orangensaft serviert. Alles wie üblich. Die Scherben des Glases, das ich in der Nacht umgestoßen hatte, lagen neben seinem Bett. Wenn ich sie nachts weggeräumt hätte, hätte er gewußt, daß jemand im Zimmer gewesen sein mußte.

Er trank den Orangensaft. In kleinen Schlucken. Wie üblich. Als er das Glas absetzte, fiel sein Blick auf die Splitter am Boden.

Ich fühlte, wie sich in mir alles zusammenkrampfte. Er runzelte die Stirn, als ob er angestrengt über etwas nachgrübelte, was ihm nicht einleuchten wollte. »Ich muß im Schlaf dagegengestoßen sein«, murmelte er.

Ich tat so, als folgte ich erst jetzt seinem Blick, als bemerkte ich nun erst die Scherben.

Hastig bückte ich mich und hob sie auf.

Nichts geschah!

»Verletzen Sie sich nicht!« sagte er nur und widmete sich schon den Morgenzeitungen, die ich ihm mitgebracht hatte.

Er war den ganzen Tag nicht anders zu mir als sonst immer.

Aber ich wußte, daß er heute das Telegramm nach London schicken würde, das ich in der Nacht fotografiert hatte. ›Papen knows more than is good for him ...‹ Papen weiß mehr, als für ihn gut ist ... Warum war ihm nichts anzumerken?

Sir Hughe mußte sich doch fragen, woher von Papen seine Informationen bezog! Er mußte doch besorgt sein – oder nervös oder mißtrauisch gegen seine Umgebung! Hätte er mir verfängliche Fragen gestellt, hätte ich einen Verdacht gefühlt, den er gegen mich hegte – es wäre mir natürlicher erschienen als sein gewohntes Benehmen.

Er war Diplomat, war sein ganzes Leben lang gezwungen gewesen, jede Regung, die seine Gedanken verraten konnte, abzutöten, hatte gelernt, bei Gartenpartys, Kriegserklärungen oder Regierungswechseln gleichermaßen höflich und reserviert zu bleiben. Vielleicht war er in seinen langen, monotonen Diplomatenjahren schon längst unfähig geworden, wirklich zu erschrecken, wirklich mißtrauisch zu sein, wirklich zu erkennen, daß es einen Unterschied gab zwischen einem Erdbeben und einer diplomatischen Protestnote.

Mich machte sein wohltemperiertes Verhalten verrückt.

Ich ließ meine Wut, die von der Unsicherheit kam, an Mara aus. Ich konnte einfach nicht vertragen, wie gelangweilt sie sich im Sessel räkelte.

»Bist du endlich mit deinen Nägeln fertig?«

Sie spreizte die Finger und schlenkerte mit den Händen, um den frischen Lack zu trocknen. Sie war geradezu penetrant gelassen.

»Was dir nur über die Leber gelaufen ist, möchte ich wissen ...«, murmelte sie. Ihre Lippen, mit denen sie eben noch geprüft hatte, ob der Nagellack schon fest genug war, verzogen sich zu einem Schmollen. Sie räkelte sich noch immer im Sessel, spielte Kätzchen. Wie mir das heute auf die Nerven ging!

Ich versuchte, mich zu beherrschen. Es war doch nichts passiert! Alles ging doch seinen üblichen Gang!

Ich hatte Moyzisch angerufen. »Hier ist Pierre ...« Das übliche.

Wir hatten uns wie immer getroffen. Nur diesmal an einer Straße in den Hügeln, von denen wir ein fremdes Auto schon von weitem gesehen hätten. Aber die Luft war rein.

Ich stieg in den Opel, befragte Moyzisch: »Wie sind Sie nach Hause gekommen?«

Er zuckte die Achseln, blickte mißtrauisch in die Umgebung, suchte den Verfolger von gestern, der heute nicht zu sehen war.

»Er war plötzlich weg«, antwortete er. »Auf einmal war er nicht mehr hinter mir . . .«

Wir konnten uns das nicht erklären. Hatte der Verfolger bemerkt, daß ich nicht mehr im Wagen saß? Hatte er deshalb seine Jagd aufgegeben? Das hätte bedeutet, daß er wußte, wem der Wagen gehörte, wer am Steuer saß – und daß er nur an dem Zugestiegenen interessiert war! An mir! Daß er herauskommen wollte, wer ich war . . . Und daß er andererseits sein Problem für diesmal noch nicht gelöst hatte! Für den, der mich suchte, war ich weiterhin ein Unbekannter. Es war doch also wirklich nichts passiert!

Ich gab Moyzisch die Aufnahmen, die ich in der Nacht gemacht hatte. »Ich war im Schlafzimmer des Botschafters«, berichtete ich ruhig. Weil ich Moyzisch imponieren wollte, verbarg ich jede Nervosität. »Er hatte wie immer sein Schlafmittel genommen. Es war ganz einfach . . .«

Moyzisch starrte mich an. »Sie haben sogar in dieser Nacht noch fotografiert?«

»Warum denn nicht?«

Jetzt sagte er gar nichts mehr.

Ich fragte ihn: »Woher wissen die Engländer, daß ein Spion für die Deutschen arbeitet?«

Moyzisch bezog meine Frage auf die Verfolgungsjagd in der vergangenen Nacht. »Vielleicht wissen sie gar nichts. Vielleicht war die ganze Verfolgung nur ein Zufall. Ein Betrunkener, der sich zum Spaß auf ein Rennen mit uns eingelassen hat . . . Was weiß ich? Vielleicht hat man mich rein routinemäßig einmal beobachtet. Ich möchte nicht behaupten, daß der Gegner glaubt, ich wäre wirklich Handelsattaché . . .«

»Ich spreche nicht von der Verfolgung«, sagte ich. »Ich spreche von dem, was Sie auf den Filmen finden werden ...«

Papen knows more ... Ich erklärte es Moyzisch.

Aber er konnte mir nicht sagen, wieso die Engländer aufmerksam geworden waren. Er konnte die Gespenster, die ich sah, nicht durch eine plausible Erklärung vertreiben.

Ich fand die Erklärung erst viele Jahre später. Sie stand in den Memoiren des deutschen Botschafters Franz von Papen. Ich las, daß er mit dem Wissen, das er von mir bezog, zu Numan Menemencioglu, dem türkischen Außenminister, gegangen war. Gewiß, von Papen war Diplomat, Politiker; er sah die große Linie. Gewiß, er mußte etwas unternehmen, mußte den Türken einen Warnschuß vor den Bug feuern, damit sie nicht vollends auf die Linie der Engländer einschwenkten. Aber ich, der käufliche Spion, wurde davon nicht informiert! In die große Politik wurde ich nicht einbezogen, dazu war ich zu schäbig. Und ob ich in Gefahr geriet – war das für Herrn von Papen nicht gleichgültig?

Ich las von Papens Notiz:

›... manche der britischen Telegramme ließen es ratsam erscheinen, unverzüglich bei Numan zu intervenieren. Ich erinnere nur an das Telegramm, in dem die Absicht angekündigt wurde, Radarstationen im europäischen Thrazien einzurichten, damit die britischen Fluggeschwader um so sicherer die rumänischen Ölquellen mit ihren Bomben belegen könnten. Gegen diese Maßnahme schien mir ein sofortiger Protest notwendig. Ich mußte Numan daher erklären, daß ich auf irgendeine Weise von den britischen Plänen Kenntnis bekommen hatte. Der britische Luftattaché oder seine Mitarbeiter, so sagte ich Numan, hätten gegenüber neutralen Herren von solchen Plänen gesprochen. Ich müsse auf das ernsthafteste auf die Gefahren hinweisen, die entstünden, wenn Berlin von dem Vorhandensein solcher Radarstationen in Thrazien Kenntnis erhalte. Einen deutschen Vergeltungsangriff auf Istanbul würde ich dann schwerlich verhindern können. Numan war damals über meine Kenntnisse erstaunt und hat sie in seiner Bestürzung dem britischen Botschafter übermittelt. Einen Tag später lag auf meinem

Schreibtisch das Telegramm, das Sir Hughe in dieser Angelegenheit an das Foreign Office gerichtet hatte. ‹Papen knows more than is good for him . . .›‹

Franz von Papen selbst hatte die schlafenden Briten also aufgeweckt!

Aber damals, als es für mich wichtig gewesen wäre, Bescheid zu wissen, ahnte ich nichts davon. Ich wußte nicht, was von Papen unternommen hatte. Ich wußte nur von meiner eigenen, durch nichts zu vertreibenden Angst.

Ich ließ mich von Moyzisch in der Nähe meines Häuschens absetzen. Ich fand Mara vor, träge im Sessel hockend, beschäftigt mit ihren Fingernägeln, umgeben von Kanarienvogel, Wasserpfeife, Topfpflanzen und Whiskyflasche. Ein Idyll. Mir lief die Galle über.

Es würde mir Erleichterung verschaffen, wenn ich Mara kränken könnte.

Ich sagte ihr: »Ein Verwandter hat mir geschrieben . . .«

»Na und?«

Es interessierte sie nicht. Sie schmollte und schnippte mit den Fingern im Rhythmus des Schlagers, der aus dem Radio kam. ›La vie en rose . . .‹ – das Neueste aus Frankreich, Maras Lieblingsschlager.

Tatsächlich hatte ich heute morgen Post von Mehmet bekommen, einem Vetter um fünf Ecken: ›Mein lieber Elyesa, wir hoffen hier alle, daß Du wohlauf bist . . .‹ Das übliche, wenn Verwandte schreiben, die bisher kaum geschrieben haben, und nun etwas von einem wollen. ›. . . entsinnst Du Dich an unsre kleine Esra? Sie hat uns viel Freude gemacht. Sie hat ausgezeichnete Zeugnisse in der Schule . . .‹ Es kam ein endloses Geschwafel über eine Esra, an die ich mich nicht entsinnen konnte. Vetter Mehmet hatte viele Töchter. ›. . . kannst Du für Esra in Ankara etwas tun? Wir würden Dir zu großem Dank verpflichtet sein. Sie hat eine ausgezeichnete Ausbildung, Handelsschule . . .‹

Ich hatte den Brief achtlos beiseite gelegt. Aus Verwandtschaft hatte ich mir nie etwas gemacht. Vetter Mehmet schien mich für ein Wundertier zu halten, weil ich in der britischen

Botschaft arbeitete. Doch jetzt sah ich Mara mit bösem Grinsen an. »Wir werden ein Zimmer freimachen. Ich muß Esra hier unterbringen . . .«

Der Brief und das Mädchen Esra waren mir plötzlich wieder eingefallen, und endlich wurde Mara lebendig.

»Wer ist Esra?« Es klang scharf und giftig.

Ich grinste. »Eine Verwandte. Ich habe sie ewig nicht gesehen. Sie ist mit der Schule fertig . . .«

»Sie wird nicht hier wohnen!«

Mara sprach so, als ob ihr das Haus gehörte.

Ich murmelte sanft: »Ich muß ihr helfen. Sie ist die Tochter eines Vetters, dem ich viel zu verdanken habe . . .«

In Wirklichkeit hatte ich Mehmet gar nichts zu verdanken.

»Was will sie hier? Wieso schickt er sie hierher?«

»Mein Gott, was soll sie schon wollen? Sie will vorwärtskommen. Ankara ist die Hauptstadt. Ich kann ihr helfen. Ich habe Beziehungen.«

Die Erwähnung Esras hatte ihre Wirkung getan. Mara wurde eifersüchtig. Sie glühte vor Zorn. Dann wurde sie sanft und anschmiegsam, bettelte, versuchte mich zu überreden, meinte, Esra würde unsere so idyllische Zweisamkeit nur stören, das müsse ich doch einsehen.

Sie küßte mich, aber meine Temperatur blieb unter Null. Maras Beschwörungen unserer Liebe hörte ich wie mit Watte in den Ohren. Aber es klang echt, was sie sagte. Ihr Gefühl für mich lebte also noch. Sie konnte mich nicht verraten haben!

Ich atmete auf. Meine Überlegenheit kehrte zurück, gemischt mit Mitleid. Ich sah Mara an wie eine Fremde, und ich konnte, was ich lange nicht gewesen war, zärtlich zu ihr sein – mit so einer oberflächlichen Zärtlichkeit, wie man sie etwa im Vorbeigehen für gefangene Rehe in einem Tierpark empfindet, um sie sogleich wieder zu vergessen.

Mara lag still in meinen Armen.

Die Worte, die sie ganz leise sprach, trafen mich unerwartet.

»Esra wird nicht hier wohnen! Du arbeitest für die Deutschen. Ich weiß es jetzt – und deshalb wird sie nicht hier wohnen . . . Ich dulde es nicht!«

Eines der Gespenster, die ich fürchtete, hatte Gestalt angenommen. Mara drohte mir.

Mein Schlag traf sie hart ins Gesicht.

Mara hatte zufällig eine Unterhaltung des Ehepaares Busk mitangehört. Der Erste Sekretär machte sich, wie alle Beamten der Botschaft, Sorgen. Er sagte zu Mrs. Busk, die Deutschen müßten eine ausgezeichnete Quelle haben; vielleicht sogar direkt in der Residenz von Sir Hughe.

Mara hatte es gehört, und für sie war klar, daß nur ich diese Quelle war.

Nach und nach holte ich diese Tatsachen aus ihr heraus. »Ich weiß wirklich nicht mehr – ich habe alles zufällig gehört. Ich schwöre dir . . .«

Ich wußte nicht, ob ich ihr glauben konnte. Aber sie klammerte sich an ihre Behauptungen, und wenn sie gelogen waren, so blieb sie hartnäckig dabei. »Ich liebe dich! Es ist nichts weiter los, als daß ich dich liebe . . . Ich wollte dir nicht drohen. Ich schwöre es!« Ich quälte sie mit meinem Mißtrauen, aber ich wurde weder von meiner Angst erlöst, noch stellte sich die Feindin, die ich in Mara vermutete, offen zum Kampf. Die Wahrheit blieb im Nebel.

Als ich am Morgen zur Botschaft ging, um meinen Dienst zu beginnen, sah ich auf der anderen Straßenseite, vis-à-vis vom Eingang, einen schlanken, hochgewachsenen Mann. Er zündete sich eine Zigarette an, schützte das Streichholz in den hohlen Händen. Wollte er sein Gesicht verbergen? Starrte er mich an?

Er hatte ein junges, glattes Gesicht. Das Gesicht meines nächtlichen Verfolgers . . .

Panik überfiel mich, und ich war ihr hilflos ausgeliefert.

Ich konnte deutlich fühlen, wie ich langsam durchdrehte. Aber jede Mühe, mich zu beherrschen, war vergeblich.

Ich rollte den Teppich in meiner Kammer beiseite. Das Geld war noch vorhanden – es lag ausgebreitet da wie ein zweiter Teppich: der wertvollste, den ich mir vorstellen konnte! Ich griff nach den Scheinen, rieb sie zwischen den Fingern, so als könnte ich meinen Augen nicht mehr trauen.

Manchmal hatte ich gedacht, daß es leichtsinnig war, das Geld unter dem Teppich zu halten. Ich hatte schon einmal an ein Versteck unter der Kellertreppe gedacht. Dort gab es einen Winkel, in dem ein Stein locker saß. Nur meine Überheblichkeit hatte mich bisher daran gehindert, das Geld dorthin zu bringen. Und meine Sorge, ein anderer könnte den losen Stein ebenso zufällig finden wie ich. Und meine Sucht, mich allabendlich an meinem Schatz zu ergötzen . . .

Jetzt raffte ich die Scheine zusammen, wollte sie in den Keller bringen – aber wieder zauderte ich und ließ es schließlich bleiben.

Ich verfluchte meine Entschlußlosigkeit, und ebenso verfluchte ich meine Angst, für deren Berechtigung mir jeder Beweis fehlte. Ich fiel von einem Extrem ins andere. Ich wurde unverschämt ausgelassen, als hoffte ich heimlich, damit die Angst zu bannen.

Ich traf Mustafa bei Manoli Filoti in der Küche.

Ich lachte krampfhaft: »Was sagt ihr zu einem Vater, der mir seine Tochter anvertrauen will?«

Manoli hatte ein Hühnchen im Topf. »Wie alt ist das Mädchen?«

»Sie muß jetzt siebzehn sein . . .«

»Dann ist der Vater ein Idiot«, grinste Manoli.

Mustafa sagte: »Laß sie bei Lady Mary Zofe werden. Dann haben wir alle was davon . . .«

»Das könnte euch so passen«, erwiderte ich.

Manoli strich über den Hühnerschenkel, als wäre er ein Mädchenbein. »Es wäre gar keine so schlechte Idee«, meinte er. »Sie könnte in meiner Kammer schlafen, da ich abends doch immer nach Hause gehe.«

»Und ab und zu willst du dann nicht mehr nach Hause gehen . . .«, gab ich im gleichen Ton zurück. Es waren die typischen Personalscherze. Ich lachte am lautesten.

»Ist Esra auch wirklich hübsch?« fragte Manoli.

»Mit Siebzehn schafft es kaum eine, häßlich zu sein«, antwortete ich. »Ich werde Lady Mary fragen . . .«

Der Gedanke war mir ganz plötzlich gekommen. Warum sollte Esra eigentlich keine Anstellung in der Botschaft finden?

Sie könnte meine Helferin werden! Ich fügte hinzu: »Esra könnte uns allen eine Hilfe sein ...« Ich grinste dabei, und Manoli und Mustafa grinsten auch.

Esra war für mich plötzlich sehr wichtig geworden. An sie zu denken, verknüpfte sich in mir mit der Vorstellung, daß die drohenden Schatten nur in meiner Fantasie existierten und ich es mir leisten konnte, weiter aktiv zu sein. Ich mußte nur etwas unternehmen, und schon vergaß ich die Angst. So redete ich es mir ein ...

Ich fragte Lady Mary. »Eine Verwandte von mir kommt nach Ankara. Ich weiß nicht, wo ich sie unterbringen soll. Mylady, ich erlaube mir die Frage ...«

Lady Mary hörte gleichgültig zu. An einer weiteren Zofe sei sie nicht interessiert, antwortete sie. »Aber sie kann ein paar Tage hier unterkommen, bis sie etwas findet.« Sie sagte es mit gleichgültiger Freundlichkeit.

»Mylady, ich bin Ihnen zu Dank verpflichtet.« Und ich verließ ihren Salon mit einer Verbeugung.

Ich gestand mir nicht ein, daß ich Lady Mary während meiner Frage belauert hatte. Ich weigerte mich, vor mir selbst zuzugeben, daß es mir nur darum gegangen war, festzustellen, wie die Frau des Botschafters auf meine Bitte reagieren würde. Hätte sie meine Bitte nicht kühl abgeschlagen, wenn schon irgendein Verdacht gegen mich bestand?

Sie wußten also nichts! Keiner wußte, daß ich es war, der Cicero genannt wurde! Ich machte mir selbst Mut, indem ich triumphierte.

An diesem Tag war ich wie verrückt.

Nach dem Mittagessen spielte der Botschafter im Salon Klavier. Als er nach einem Fruchtsaft klingelte, servierte ich ihm das Glas. Ich lauschte andächtig seinem Spiel. »Exzellenz spielen wundervoll!«

»Vielen Dank.« Er lächelte über meine Begeisterung. Ich verdrehte die Augen vor Musiküberschwang, schlug mir mit der rechten Hand gegen die linke Brust, wo das Herz sitzt.

Auftrittsmonolog des ›Fliegenden Holländers‹. Ich schmetterte los.

»... die Frist ist um, und abermals verstrichen sind sieben Jahr'. Voll Überdruß wirft mich das Meer ans Land ... Ha, stolzer Ozean ...«

Ich sagte ja, daß ich verrückt war an diesem Tag. Ich brach mitten im Ton ab und machte ein schuldbewußtes Gesicht.

»Pardon, Exzellenz ...«

Sir Hughe lachte. Er schüttelte den Kopf. »Ihre Stimme ist nicht schlecht. Sie klingt, als wäre sie ausgebildet ...«

»Das ist sie auch. Ich war am Konservatorium in Istanbul.«

Er schlug ein paar Takte am Flügel an und lächelte auffordernd. Ich erkannte die Melodie. Ich stützte eine Hand auf den Flügel. Sang.

»In einem Bächlein helle, da schoß in froher Eil' ...« Er begleitete mich ganz ausgezeichnet. Er führte meine Stimme mit wahrer Virtuosität.

»... die launische Forelle vorüber wie ein Pfeil ...« Nie und nimmer konnte er mich im Verdacht haben. Dazu harmonierten der Betrogene und sein Betrüger viel zu gut beim gemeinsamen Musizieren!

»... ich stand an dem Gestade und sah in süßer Ruh' des muntern Fischleins Bade im klaren Wasser zu ...« Wir berauschten uns an den Tönen. Wohlklingend und stimmungsvoll erfüllte das Lied den Raum. Zwei Verehrer des deutschen Liederschatzes hatten sich gefunden.

»Doch plötzlich ward das Wasser trübe, und eh' ich mich's versah ...«

Wir brachten das Lied zu Ende, und jeder wies bescheiden die Komplimente zurück, die ihm der andere machte. Es ist etwas Wunderbares um die Musik. Sie beruhigt. Als ich mich – vom Sänger wieder zum Diener werdend – mit dem geleerten Glas zurückzog, dachte ich jedenfalls, daß ich keinen Grund hätte, vor Seiner Exzellenz Angst zu haben.

Er musizierte noch über eine Stunde. Die Klänge drangen durch das ganze Haus. Ich nützte die Zeit auf meine Weise, indem ich einige Dokumente fotografierte. In ihnen war die Rede davon, daß am 14. Januar 1944 ein schwerer alliierter Luftangriff auf Sofia erfolgen werde. Ich dachte an den Empfang, den die Deutschen den Bombern bereiten würden . . .

Ich kam eben aus meiner Dienerkammer, als ich Mara erblickte. Den Botschafter hörte ich noch immer musizieren.

Mara stand am Personaleingang. Sie hatte das Busksche Baby im Kinderwagen bei sich.

Ich starrte Mara an. Sie war noch nie hier in der Botschaft gewesen. Langsam schritt ich auf sie zu.

Sie beugte sich zu dem Kind hinab. »Hier arbeitet dein Papa . . .«, sagte sie. Es war eine dieser vielen sinnlosen Bemerkungen, die man Babys gegenüber macht.

Sie blieb über das Kind gebeugt, sah mich von unten her an. Ich lächelte krampfhaft, spielte das Spiel mit, wedelte dem Baby mit zwei Fingern zu. »Bist du aber groß geworden . . .«

Mara lachte mühsam. »Nicht wahr?« fragte sie eitel, als ob sie selbst die Mutter wäre.

Es war kaum zu verstehen, was sie dann sagte. Ihre Stimme klang leise und gepreßt. »Es sind Sicherheitsbeamte aus London gekommen. Busk hat es seiner Frau erzählt . . .«

Laut fragte sie: »Hinter welchem Fenster arbeitet denn Mr. Busk?«

Ich antwortete: »Er arbeitet im Nebengebäude . . .«

Ich tätschelte dem Kind die Wange. Dann blickte ich Mara nach, als sie, den Kinderwagen schiebend, langsam davonging.

Ich hatte geglaubt, sie wäre fähig, mich zu verraten – und nun warnte sie mich sogar . . .

Hatte ich mir jemals darüber Rechenschaft abgelegt, wie lange ich schon mein gefährliches Spiel trieb? Ich hatte nicht auf die Wochen geachtet, die wie im Flug vergangen waren. Im Herbst hatte es begonnen. Der Winter war gekommen . . . Für mich war ein Tag wie der andere gewesen. Für mich zählte die Erregung, in die mich das Abenteuer versetzte, nicht die Zeit. In der britischen Botschaft hatten sie Weihnachtslieder gesungen. In der deutschen Botschaft hatte ich Weihnachtsbäume gesehen –

was hatte das mit mir zu tun gehabt? Für mich gab es den Rausch, die Gier, die Besessenheit, die Furcht.

Jetzt wurde es mir plötzlich klar, daß ich schon seit drei Monaten Tag für Tag den Kopf mit dem Glauben in die Schlinge steckte, es werde sich keiner finden, der sie zuzieht.

Es war bereits Januar! Ein eingemummtes Baby mit frostroten Backen hatte mir das Fortschreiten der Zeit zu Bewußtsein gebracht. Und arbeitete die Zeit nicht für jene, die auf der Suche nach mir waren?

Ich eilte in meine Kammer zurück, raffte das Geld, den Fotoapparat, die Filme zusammen, barg alles unter einem Jackett des Botschafters, dessen Knöpfe ich nachgenäht hatte, und brachte alles, was mich belastet hätte, in das Versteck unter der Treppe. Wenn sie es dort fanden, konnten sie jeden einzelnen damit in Verbindung bringen — und nicht nur mich.

Der Platz unter meinem Teppich war leer. Ich konnte das Geld nicht mehr sehen. Es war in diesem Augenblick, daß ich zum erstenmal das Gefühl hatte, alles sei vergeblich gewesen!

Maras Warnung war in letzter Minute erfolgt. Als ich auf ein Klingelzeichen in das Arbeitszimmer von Sir Hughe ging, war er nicht allein. Zwei Männer saßen in den Sesseln, sahen mir entgegen. Ihre Blicke tasteten mich mit professionellem Mißtrauen ab. Ein dritter richtete sich gerade auf. Er hatte in einer Zimmerecke gekniet. Dort befand sich eine Steckdose. Hatte er sie untersucht?

»Bringen Sie uns Tee!« befahl Sir Hughe. Er war freundlich wie immer. Aber es erschien mir mit einemmal unwirklich, daß ich vor einer Stunde noch zu seiner Begleitung gesungen haben konnte. Waren die Agenten eben erst gekommen? Vielleicht waren sie schon länger im Haus! Hatte Sir Hughe vielleicht nur eine komische Gelegenheit beim Schopf ergriffen und mich einfach drauflos singen lassen, damit man in Ruhe mein Zimmer durchsuchen konnte? War ihm vielleicht ebenso jedes Mittel recht wie mir?

Ich holte den Tee. Als ich ihn servierte, war es, als hielten mich alle, die da saßen, mit ihren forschenden Augen fest.

»Wie lange sind Sie jetzt bei mir, Elyesa?« fragte Sir Hughe. War auch ihm auf einmal die Zeit zu Bewußtsein gekommen?

»Drei Monate, Exzellenz . . .«

Mit mir sprach er französisch. Zu den anderen sagte er auf englisch: »Ich bin sehr zufrieden mit ihm . . .« Doch sie reagierten auf die Bemerkung des Botschafters nicht.

Einer sagte auf englisch zu mir: »Bringen Sie mir noch etwas Milch . . .«

»Sofort«, antwortete ich.

Gleichgültig fügte er hinzu: »Und etwas Zucker . . .«

Ich wollte schon bestätigen, daß ich verstanden hätte, da erkannte ich die Falle. Den letzten Satz hatte er deutsch gesagt.

Ruhig sagte ich auf französisch: »Bitte, ich verstehe kaum Deutsch . . .«

Ich sah Sir Hughe gerade in die Augen: »Ich kann nur ein paar deutsche Liedertexte auswendig und verstehe kaum den Sinn . . .«

Sir Hughe erwiderte meinen Blick. Es war eine Prüfung, die zu meinen Gunsten ausfiel. »Noch etwas Zucker für die Herren«, sagte er französisch. Es klang, als mißbilligte er die Methoden des Geheimdienstes. Sir Hughe war zu feinfühlig für diese Welt. Ich holte die Milch und den Zucker, obwohl vom ersten Servieren her bereits alles reichlich vorhanden gewesen war. Es fiel mir schwer, zu verhindern, daß meine Hände zitterten.

Ich verabredete mich mit Moyzisch, um ihn zu warnen.

Es dauerte eine Weile, bis ich ihn am Telefon erreichen konnte. Er schien eine neue Sekretärin bekommen zu haben. »Hier ist Pierre – bitte Herrn Moyzisch!«

»Wen wollen Sie sprechen?« fragte sie nach kurzem Zögern.

»Herrn Moyzisch! Sagen Sie ihm, Pierre will ihn sprechen . . .«

Sie hatte eine angenehme Stimme, weich und hell, aber sie schien schwer von Begriff zu sein. Sie lachte. »Pierre – was für ein Pierre?«

Es hörte sich an, als wollte sie mit dem unbekannten Anrufer ein bißchen schäkern. Alberner Flirt am Telefon. Mir war nicht danach zumute.

»Pierre genügt! Verbinden Sie mich endlich!«

Sie schien zu schmollen. »Ich verbinde Sie ja schon . . .« Ihre Stimme klang wirklich sehr angenehm. Es tat mir leid, grob zu ihr gewesen zu sein. Ich murmelte: »Sie müssen entschuldigen, aber ich bin heute nicht in Form . . .«

Aber da war schon Moyzisch am Apparat, und wir verein-barten das Rendezvous.

Wie gewöhnlich fuhren wir durch die Straßen der Vororte. »Die Engländer haben Agenten eingesetzt . . .«, berichtete ich.

Er hörte mir aufmerksam zu. »Sind Sie ganz sicher?«

»Ganz sicher. Sie sind extra aus London gekommen . . .«

»Dann wird es ernst. Wollen Sie eine Pause einlegen?«

Ich zuckte die Achseln. »Ich muß abwarten. Sie haben alle Dienerzimmer durchsucht . . .«

»Also nicht bloß Ihres?«

»Ich weiß noch nicht einmal, ob sie meines durchsucht haben. Aber Mustafa hat sich beschwert, daß jemand an seinen Sachen gewesen sei. Bei mir haben sie keine Spuren hinterlassen.«

»Dann haben sie also keinen bestimmten Verdacht . . .«

»Die Kamera und das Geld haben sie nicht gefunden. Das habe ich gut versteckt . . .«

Wir tauschten Filme und Geld aus und überlegten, ob es viel-leicht zum letztenmal war.

»Einer hat die Steckdose im Arbeitszimmer von Sir Hughe untersucht«, setzte ich meinen Bericht fort.

Moyzisch sah mich aufmerksam an. »Dann wissen sie noch nicht einmal, auf welche Weise wir hinter ihre Geheimnisse kommen«, stellte er fest, und sein Lächeln war beruhigend.

»Wieso?«

»Sie suchen nach Abhöranlagen! Wenn sie sich auf die Steck-dose gestürzt haben, vermuten sie Abhöranlagen. Sie haben also keine Ahnung, daß sie eigentlich nach einem Fotoapparat suchen müßten!«

Seine Überzeugung erleichterte mich. Meine Nerven waren zu angespannt, als daß ich nicht nach jedem Strohhalm gegriffen hätte. Ich lachte hektisch: »Ich mach' mir auch gar keine Sorgen. Wir sind nur beide etwas nervös, Sir Hughe und ich. Jeder aus einem anderen Grund. Aber seit heute musizieren wir zusammen. Das gibt uns die Kraft, durchzuhalten ...« Moyzisch starrte mich an, als ob er an meinem Verstand zweifle.

Ich grinste, weil mir seine Verblüffung schmeichelte, und erzählte: »Ich singe, und er spielt dazu Klavier. Wenn die Schnüffler eine Abhöranlage entdeckt hätten, wären ihnen die Ohren abgefallen vor Staunen, was ihnen entgegengeschallt wäre ...«

Die Vorstellung versetzte uns beide in gute Laune.

Als wir uns verabschiedeten, sagte ich: »Entschuldigen Sie mich bitte bei Ihrer Sekretärin. Ich war grob zu ihr. Es ist eine neue, nicht wahr?«

»Ja – sie war bisher in Sofia ...«

»Dann soll sie froh sein, daß sie von dort weg ist.«

»Warum?«

»Schauen Sie sich den Film an! In einer Woche findet ein Großangriff auf Sofia statt ...«

Ich stieg aus und ging zu Mara, um ihr meine Dankbarkeit für die Warnung zu beweisen.

Ich hatte vor Gespenstern Furcht gehabt: vor Mara, der ich einen Verrat zutraute. Vor dem jungen, glatten Gesicht eines Unbekannten, in dem ich meinen Verfolger vermutete. Vor Agenten, die nur nach Abhöranlagen suchten, anstatt nach meiner Leica.

Ich glaubte, die Gespenster nun vertrieben zu haben. Denn nichts, kein Anzeichen, kein Instinkt hatte mich davor gewarnt, daß ich heute zum erstenmal mit meiner wirklichen Feindin in Kontakt gekommen war. Mit der Frau, an der ich scheitern sollte und die den Auftrag hatte, den Mann zur Strecke zu bringen, der sich hinter dem Decknamen Cicero verbarg.

Ich wußte damals noch nicht, daß sie meine eigentliche Feindin war. Aber seit diesem Augenblick wußte sie, daß sie heute mit dem Mann telefoniert hatte, den sie suchte.

Ich hatte mich vor Schatten und Gespenstern gefürchtet. Eine

Stimme hätte ich fürchten sollen! Eine angenehme helle Mädchenstimme. Die von Moyzischs neuer Sekretärin – Cornelia Kapp ...

Manchmal frage ich mich, wie ich mich dieser Frau gegenüber verhalten würde, wenn ich ihr heute begegnete.

7

Sie sind Cicero?

»Mein Gott, *Sie* sind Cicero?«

Deutlich sehe ich die Enttäuschung auf ihrem Gesicht. »Wir werden alle nicht jünger, Madame!«

So ein Gespräch zwischen zwei Menschen, die einmal ein und dasselbe große Abenteuer auf verschiedenen Fronten erlebt hatten, habe ich mir oft vorgestellt.

Ob es möglich ist, einen alten, bereits verkalkten Haß aufs neue zu beleben? Ob ich ihr sagen würde: »Ich verachte Sie, Madame, denn Sie haben Ihr Vaterland verraten!« Ob sie darauf antworten würde: »Was wollen Sie, ich habe es wenigstens aus Überzeugung getan! Sie, Cicero, aber kassierten Bargeld, und jetzt tun Sie nachträglich so, als hätten Sie die große Weltpolitik verstanden und sie korrigieren wollen!«

Ob wir so miteinander reden würden?

Wahrscheinlich würde ich nichts dergleichen sagen, sondern mich statt dessen nach ihren beiden Kindern erkundigen – und sie ihrerseits würde höflich-spöttisch zurückfragen, wie es denn den meinen ginge . . . »Ich habe gehört, Cicero, Sie hätten sechs Kinder?«

»Madame, ich muß Sie berichtigen: Ich habe acht Kinder! Ich gebe zu, Madame, ein Exspion mit acht Kindern wirkt etwas lächerlich. Es ist tatsächlich passiert, Madame, daß ich meine jüngste Tochter auf den Knien geschaukelt und zu ihr gesagt habe: ›Und dann hat dein Papa damals Sir Hughe Knatchbull-Hugessen den Safeschlüssel geklaut . . .‹«

Und doch . . .

Wenn ich in ihr damals schon meine Feindin erkannt hätte, so hätte ich nicht gezögert, mein Wissen an Moyzisch weiterzugeben:

»Ihr habt in euren Reihen eine Verräterin. Ihr Name ist Cornelia Kapp, und sie ist Ihre persönliche Sekretärin!«

Cornelia Kapps Leben wäre im Nu verspielt gewesen.

Damals aber kannte ich ihre Stimme nur vom Telefon her. Ich wußte nichts über sie. Es hat Jahre gedauert, bis ich mehr über sie erfuhr.

Angeblich lebte sie in Amerika.

Ich schrieb an Freunde in Amerika. Die Antworten waren durchweg negativ.

›... Du bist verrückt, in diesem riesigen Land, das keine polizeiliche Anmeldung kennt, eine Frau finden zu wollen, die vielleicht längst verheiratet ist und den Namen ihres Mannes trägt. Es ist unmöglich ...‹

Ich schrieb an die Einwanderungsbehörden. Sie nahmen sich nicht einmal die Mühe, mir zu antworten.

Es war ein Zufall, der mir weiterhalf. Im Sommer 1959 traf ich einen Journalisten. Nicht ich war es, der ihn ansprach. Er kam auf mich zu. »Sie sollen der Mann sein, der im Krieg unter dem Namen ›Cicero‹ bekannt wurde ...« Das war in einer Bar in Istanbul.

Wir tranken miteinander. Ganz beiläufig erwähnte er einen Namen: Cornelia!

»Sie kennen Cornelia Kapp?« Ich war wie elektrisiert, ließ nicht mehr locker.

Er zuckte die Achseln. »Keine Ahnung, ob sie Kapp heißt ...«

Er gab mir eine Adresse in Chicago. Mr. und Mrs. Hugo Coutandin, Canmore Avenue. »Dort hat eine Cornelia Soundso gewohnt. Die Coutandins haben mir erzählt, daß sie in den ›Fall Cicero‹ verwickelt gewesen sei ...«

Ich hatte endlich eine Spur!

Ich schrieb an die Coutandins. Der Briefwechsel ergab Teile zu dem Bild von Cornelia, das ich mir machen wollte. Ich bekam eine weitere Adresse in Chicago: Toffinettis Triangle Restaurant, 57 W Randolph Street.

›Dort hat Cornelia als Kellnerin gearbeitet. Ihre beste Freundin war Violet Kyle, genannt Pinky ...‹

Ich schrieb an das Mädchen, das Pinky genannt wurde, und ich bekam Antwort.

›... ich arbeite immer noch in dem Restaurant, Cornelia schon lange nicht mehr. Mr. Klaus, der Besitzer, hat Cornelia angestellt, weil sie eine Deutsche war. Denn er war auch Deutscher, war während des Ersten Weltkrieges desertiert und lebte hier mit falschen Papieren. Aber das hat sich erst herausgestellt, als er vor kurzem Selbstmord verübte ... Jedenfalls hat er Cornelia sehr geholfen, hier Fuß zu fassen. Cornelia ist – wenn sie es noch ist! – mit Bill Gorman verheiratet, einem ehemaligen FBI-Agenten. Sie hat ihn bei den Coutandins kennengelernt. Dort waren beide Untermieter. Sie wohnen, glaube ich, jetzt in San Diego in Kalifornien ...«

Ich hatte die Spur und ließ sie nicht mehr los.

Alle erzählten mir etwas über Cornelia. Es war, als sammelten sich Steinchen um Steinchen, die sich zu einem Mosaik zusammenfügen sollten. Schließlich schickte ich einen Freund zu Cornelia Gorman, geborene Kapp.

›... sie wohnt in einem Vorort von San Diego. Ihr Mann ist Einkäufer für ‹Aircrafts and Electronic Parts›. Sie leben in einem Häuschen mitten in der US-Marine-Station, denn San Diego ist ein großer Marinestützpunkt ...‹

Diesen Brief bekam ich aus Kalifornien. Cornelia war gefunden!

Ich las alle Berichte. Ich las alles, was die Coutandins zu sagen hatten; ich las die Aussagen der Kellnerin Pinky; ich las, was Cornelia selbst zum ›Fall Cicero‹ zu äußern wußte.

Vieles sah auf einmal ganz anders aus!

Sie war keine Agentin der Engländer gewesen, wie ich immer vermutet hatte! Und es waren auch nicht die Engländer, die damals eine solche Gefahr für mich dargestellt hatten. Es waren die Amerikaner!

Cornelia erklärte: »Ich arbeitete ausschließlich für OSS, den amerikanischen Geheimdienst. Moyzisch hat niemals gewußt, was ich tat. Daß es einen ›Cicero‹ gab, hatte ich schon gewußt, bevor ich allabendlich in der deutschen Botschaft die Kurierpost aus Berlin öffnete. Da ich allein und ungestört arbeiten konnte, hatte ich viel Zeit, Kopien der Schreiben aus Berlin herzustellen, aus denen klar hervorging, daß ›Cicero‹ direkt in der britischen Botschaft zu suchen war. Die Kopien habe ich jeden Abend den Amerikanern übergeben. Beinahe hätten sich die Amerikaner den Mann näher anschauen können, mit dem sich Moyzisch abends so oft traf und der immer in seinen Wagen zustieg. Das war an jenem Abend, als Moyzisch und ›Cicero‹ nach einer wilden Autojagd durch ganz Ankara nur um Haaresbreite entkommen konnten. Die Amerikaner wußten seit geraumer Zeit, daß es einen Mann namens ›Cicero‹ gab und daß er aus Fleisch und Blut war. Meine Aufgabe war es, herauszubekommen, wer sich hinter diesem Decknamen verbarg . . .«

Cornelia war dreiundzwanzig Jahre alt, als sie gegen den Unbekannten zu kämpfen begann, der ich für sie war.

Ich habe versucht zu erfahren, wie sie dazu gekommen war. Haßte sie die Nazis? Wurde sie erpreßt? War sie eine Abenteurerin? Weshalb jagte sie mich? Wieso konnte sie sagen ». . . daß es einen ›Cicero‹ gab, wußte ich schon . . .«?

Woher, von wem hatte sie ihr Wissen bezogen?

Der Weg, den der Name ›Cicero‹ genommen hatte, könnte meiner Eitelkeit schmeicheln. ›Cicero‹, ein Deckname, unter dem man sich nichts vorstellen konnte, war zu einem Begriff geworden! ›Cicero‹ geisterte ebenso durch das Reichsaußenministerium wie durch das Reichssicherheitshauptamt. ›Cicero‹ wurde für Hitler in seinem Führerhauptquartier zu einem ebenso geläufigen Wort wie im Büro von Allan Dulles, dem Chef des amerikanischen Geheimdienstes und Bruder von John Foster Dulles, dem späteren Außenminister der Vereinigten Staaten. Um ›Cicero‹ blühte der Klatsch unter Agenten und Diplomaten, bei Freund und Feind.

»Cicero? Er arbeitet für die Engländer! Mit seiner Hilfe werden die Deutschen nur irregeführt!«

»Cicero ist der intime Freund eines homosexuellen britischen Diplomaten. Für ihn ist es eine Kleinigkeit, an alle Geheimdokumente heranzukommen . . .«

»Cicero? Den gibt es gar nicht! Der ist nur eine Propaganda-erfindung des Reichssicherheitshauptamtes . . .«

Einmal, als ich mich nachts mit Moyzisch in seinem Büro traf, erschien auch Botschaftsrat Jenke.

»Wenn es mal bei Ihrer gefährlichen Arbeit schiefgeht, kommen Sie sofort zu uns. Wir bringen Sie nach Deutschland. Der Führer hat angeordnet, Sie nach dem Krieg mit einer Villa zu belohnen.«

»Sie haben mit Hitler über mich gesprochen?«

»Natürlich!«

Ich, der Kawaß, war vor Stolz gebläht!

Franz von Papen notiert in seinen Memoiren eine Besprechung mit Hitler: ›. . . in meinen Darlegungen über die allgemeine Lage sprach ich von den Kenntnissen, die uns die ‹Cicero›-Telegramme über die Beschlüsse von Teheran verschafft hatten . . .‹

Und Moyzisch berichtete, wie er ›Cicero‹-Dokumente dem Reichsaußenminister Ribbentrop vorlegte: ». . . Ribbentrop sah mich nicht an. Seine Hände griffen nach einigen der vor ihm liegenden Dokumente, legten sie wieder beiseite, nahmen andere auf. Auf seinem Gesicht lagen nun, deutlich lesbar, Zweifel und Ärger. Unschlüssig blickte er auf den Haufen der Fotokopien, die das Deutsche Reich bisher 65 000 Pfund Sterling gekostet hatten. Dann holte er zu einer langsamen Handbewegung aus und schob mit der Rechten den kleinen Berg von englischen Geheimdokumenten von sich. Fast unhörbar kamen die Worte von seinen Lippen: ›Das ist zu schön, um wahr zu sein‹ . . .«

Moyzisch zitiert aber auch Kaltenbrunner, den Chef des Reichssicherheitshauptamtes: »Ribbentrop ist davon überzeugt, daß die Engländer den Kammerdiener in die deutsche Botschaft geschickt haben, um uns mit einem ganz großen Coup hereinzulegen . . . Wie ich Ribbentrop kenne, wird sein Oppositionsgeist vorläufig auch dabei bleiben. Darüber kann wertvolles Material in seinem Schreibtisch vermodern. Das muß verhütet werden. Ich werde beim Führer durchsetzen, daß das ›Unternehmen Cicero‹ von uns zu führen ist!«

Sogar die Großen in Berlin stritten sich um ›Cicero‹!

Sie gerieten sich darüber in die Haare, ob ich ein Trick der Engländer sei oder ein glaubwürdiger Spion.

Und ich in Ankara, der ich weniger Cicero, der Spion, geworden, als vielmehr weiter Elyesa, der Kawaß, der Schnüffler, geblieben war, woher sollte ich davon wissen, wie sehr ich die Fantasie anderer beschäftigte?

Woher sollte ich wissen, daß damals in Bern ein Amerikaner namens Allen W. Dulles saß, der längst über genügend Informanten in Berlin verfügte? Konnte ich wissen, daß sogar ein deutscher Diplomat zu seinen Informanten gehörte, ein Mann aus Ribbentrops nächster Umgebung, ein Legationsrat Kolbe, mit dem Decknamen George Wood, dessen Bruder die Nazis zu Tode geprügelt hatten? Erst nach dem Krieg erfuhr ich davon, dieser George Wood habe an Dulles nach Bern gemeldet, daß es einen neuen Spion namens ›Cicero‹ gäbe, der in der britischen Botschaft in Ankara zu finden sein müßte. Das Stichwort ›Cicero‹ machte die Amerikaner munter.

Mußte es ihnen nicht ein Vergnügen bereiten, den Engländern, ihren Alliierten, ein fix und fertig gelöstes ›Problem Cicero‹ mit dem spöttischen Hinweis zu servieren, die englischen Kameraden hätten offensichtlich tief und fest geschlafen? So wurde der abstrakte Begriff Cicero auch noch zu einem Spielzeug für die Eitelkeiten der verschiedenen Spionageabwehrdienste.

Der Balkanspezialist der Amerikaner wurde mobilisiert. Sein Name war George H. Earle. Ich könnte stolz darauf sein, sogar diesem Mann Kopfzerbrechen bereitet zu haben. Er war ein persönlicher Freund des amerikanischen Präsidenten Franklin D. Roosevelt. Ich, der Kawaß, hatte es nun schon zu einer weltweiten Ausstrahlung gebracht!

Mr. Earle, Roosevelt-Freund, Gouverneur von Pennsylvania, Gesandter in Wien, dann in Sofia, schließlich Militärattaché in Istanbul, entsann sich einer Helferin des amerikanischen Geheimdienstes, die in Sofia saß. Warum sollte es nicht möglich sein, dieses Mädchen in die deutsche Botschaft von Ankara einzuschleusen?

Das Mädchen war Cornelia Kapp. Der Deckname ›Cicero‹

war über Berlin, Bern, Washington, Istanbul, Sofia zurück nach Ankara gelaufen, hatte einen abenteuerlichen Weg zurückgelegt, hatte Klatsch und Streit, Bewunderung und Mißtrauen erregt, um schließlich eine streng geheime Fahndung auszulösen, einen unterirdischen Kampf im neutralen Ankara, in dem sich die diplomatischen Vertreter der feindlichen Großmächte immerhin noch grüßten, wenn auch nur in eisiger Reserviertheit.

Ich wußte nichts von alledem. Am wenigsten davon, daß mich ein 23jähriges Mädchen suchte und dafür das Risiko auf sich nahm, hingerichtet zu werden.

Cornelia war der Liebling ihrer Eltern. Sie wurde maßlos verwöhnt. Ihr Vater war das, was man gern einen Diplomaten alter Schule bezeichnet. Sie war ein blondes, hübsches, ausgelassenes Mädchen.

Ich las ihren Lebenslauf:

›... ich war sechs Jahre alt, als ich zum erstenmal nach den Vereinigten Staaten kam. Zwar bin ich in Berlin geboren, doch war ich in Deutschland eigentlich nie zu Hause. Mein Vater war Konsul in Bombay, bevor er nach den USA versetzt wurde. Er wurde Generalkonsul in Cleveland, Ohio. Alle meine Freunde hatte ich in den USA. Bis zum Kriegsausbruch war ich in Cleveland. 1941 kam ich mit meiner Familie nach Deutschland zurück...‹

Der Vater tat Dienst in Italien, dann in Bulgarien.

›... einige Wochen lang wurde ich in Stuttgart als Krankenschwester ausgebildet. Ich fügte mich widerwillig, doch blieb mir nichts anderes übrig, weil man mich sonst zur Arbeit in eine Fabrik gesteckt hätte. Den Beziehungen meines Vaters verdankte ich es, daß ich Stuttgart verlassen konnte, um ihm nach Italien zu folgen. Im Juli 1943 kam ich mit meinen Eltern nach Sofia, wo mein Vater der deutschen Delegation zugeteilt war. Ich arbeitete bei der deutschen Botschaft als Sekretärin. Es war kein Zufall, daß ich nach Ankara kam. Der amerikanische Geheimdienst hatte über Verbindungsleute in Ankara bereits im August 1943 in Sofia mit mir Kontakt aufgenommen. Ich habe schon in Sofia für die Amerikaner Spionage getrieben. In Ankara hat mir Moyzisch die Arbeit für die Amerikaner leicht gemacht. Schon nach vier Tagen meiner Tätigkeit besaß ich einen Schlüssel zu seinem Safe und schrieb geheime Dokumente ab. Meine Brüder, Peter und Torard, waren Offiziere in der deutschen Wehrmacht und kämpften an der russischen Front – eine Möglichkeit mehr, mir das Vertrauen von Moyzisch zu erringen. Er fiel auf jede Komödie herein. Bei der Bereitwilligkeit, für den amerikanischen Geheimdienst zu arbeiten, spielte eine Jugendliebe aus meiner Zeit in Cleveland eine große Rolle. Den Namen des Mannes, den ich als Agenten des amerikanischen OSS, des Office of Strategic Services, in Ankara wiedersehen sollte, werde ich nicht nennen . . .‹

Sie hatte ihrem Vater in Sofia zugesetzt, ihr eine Stellung im neutralen Ausland, zum Beispiel in der Türkei, zu verschaffen, wo das Leben für ein junges Mädchen attraktiver sei als in Sofia. Daß sie direkt an die Quelle geriet, an Moyzisch, war reiner Zufall, weil er gerade um diese Zeit eine zusätzliche Hilfskraft beantragt hatte. Cornelia hätte auch jeden anderen Posten in der Botschaft angenommen.

Sie war der Liebling ihres Vaters und hielt sich selbst für ein Glückskind des Schicksals – weil sie ihre Jugendliebe wiedertreffen konnte. Dafür war sie bereit, jeden Preis zu bezahlen.

Sie saß in Moyzischs Vorzimmer, blond, unschuldig, fleißig. Wenn das Telefon klingelte, hob sie den Hörer ab und meldete sich. »Hier Handelsabteilung . . .«

Ihre angenehme, helle Stimme war es, die mir aufgefallen war:

»Hier ist Pierre – bitte Herrn Moyzisch!«

Ihr Zögern, ihre Rückfragen hatte ich für die Schwerfälligkeit einer neuen Angestellten gehalten. »Pierre – was für ein Pierre?«

Und sie hatte gelacht und gezögert, die Verbindung zu Moyzisch herzustellen – und ich war darauf hereingefallen, hatte das für einen kleinen Flirt am Telefon gehalten.

Dabei hatte sie erkannt, mit Cicero gesprochen zu haben!

Mein Instinkt hatte versagt. Mir war ihre Erregung entgangen, in die sie die Stimme des Gesuchten versetzt hatte.

Nichts warnte mich damals! Cornelia aber fühlte, daß sie ihrem Ziel nahe war.

Das Auftauchen der Beamten der britischen Sicherheitsbehörden aus London hatte Folgen. Am Safe von Sir Hughe wurde eine Alarmanlage eingebaut. Spezialisten kamen, verschwanden in seinem Arbeitszimmer, arbeiteten stundenlang hinter verschlossenen Türen, aber ich konnte mir denken, was sie taten.

Der Nachschlüssel zum Safe, so dachte ich, würde mir in Zukunft nichts mehr nützen.

Ich faßte es als einen Wink des Schicksals auf. Ich war bereit, den Spion Cicero von der Bildfläche verschwinden zu lassen und nur noch Elyesa Bazna, der Kawaß, zu sein. Das Geld, das ich wochenlang unter dem Teppich meiner Kammer verborgen und dann, durch Mara gewarnt, in ein Versteck unter der Kellertreppe gebracht hatte, nahm ich in mein gemietetes Häuschen mit, wo ich es im Schreibtisch einschloß. Ich kam zu der Ansicht, daß ich jetzt genug Geld besaß, um mich zur Ruhe setzen zu können. Nichts drängte mich, mein gefährliches Spiel fortzusetzen.

Ich hatte nichts weiter zu tun, als meine Spuren zu verwischen, den Fotoapparat zu vernichten, das ›Stativ‹ zu beseitigen ... Aber ich brachte es nicht fertig! Ich schob den Entschluß auf. Ich wartete – ich könnte heute noch nicht sagen, worauf.

Ich traf mich mit Moyzisch, aber ich lieferte ihm nichts.

»Es ist zu schwierig geworden ...«

Ich war von einer Lethargie befallen, aus der ich mich nicht befreien konnte. Weder hatte ich die Kraft, Schluß zu machen, noch den Mut, weiter zu fotografieren.

»Der Bombenangriff auf Sofia ist erfolgt«, sagte Moyzisch tonlos.

Ich zuckte die Achseln. »Ich habe ihn ja rechtzeitig gemeldet«, sagte ich.

Ich wußte nicht, daß es in Berlin immer noch Leute gab, die meinen Berichten nicht trauten.

Moyzisch notierte später über den Bombenangriff: ›Nun wußte es Berlin! Cicero war gerechtfertigt, seine ‹Echtheit› bewiesen.

Aber dieser Beweis war erst dann möglich geworden, als viertausend Menschen in Sofia unter Bomben und Trümmern ihr Leben verloren hatten . . .‹

Moyzisch sagte zu mir: »Jetzt glaubt auch der letzte, daß Ihr Material echt ist.«

Es war mir egal, was man von mir glaubte oder nicht. Moyzisch fragte: »Sie wollen nicht mehr?«

»Ich weiß nicht . . .«

Die Eiseskälte des nebligen Wintertages machte alles noch unangenehmer.

Ich ging in mein Haus, aber Mara war hysterisch. Sie überfiel mich mit Tiraden, aus denen Angst und Eifersucht sprachen. »Mrs. Busk siedelt bald nach London um. Des Babys wegen. Sie hat mich gefragt, ob ich nicht mitkommen will . . .«

»Dann geh doch mit!«

Mara sah mich mit aufgerissenen Augen an. »Ich habe es gewußt! Zwischen uns ist es schon lange zu Ende! Du schickst mich weg!« zischte sie empört.

Ich konnte sie nicht mehr anhören. »Du hast damit angefangen, wegzuwollen! Du hast gesagt, du könntest nach London . . .«

»Du willst nichts mehr von mir wissen!« schluchzte sie auf.

Ihre Hysterie trieb mich aus dem Haus. Ich ging in die Botschaft zurück. Die Räume waren wunderbar warm. Alles strömte Stille aus, Gepflegtheit. So stellte ich mir die Atmosphäre eines britischen Landsitzes vor. Es war seltsam, aber in diesem Haus empfand ich ein Gefühl der Geborgenheit, als könnte sich nur hier meine Sehnsucht nach Ruhe und Behaglichkeit erfüllen.

Sir Hughes gleichbleibende Freundlichkeit beschämte mich, und meine Dienerkammer erschien mir wie ein friedliches warmes Nest. Ich beneidete Mustafa um sein Dasein als sorgenloser Kawaß. War ich nicht auch einmal so sorgenlos gewesen?

Ich legte mich auf mein Bett und lullte mich ein in den Traum von einem bescheidenen Leben ohne Gefahr.

Mustafa kam ins Zimmer. Er grinste. Er machte ein verzücktes Gesicht und verdrehte die Augen.

»Sie ist da! O Allah, Esra ist da!«

Ich hatte völlig vergessen, daß ich Vetter Mehmet geschrieben hatte, er solle Esra unbesorgt nach Ankara schicken, ich hätte eine Stellung für sie.

8

O Allah, Esra ist da!

Die Ankunft des Mädchens Esra machte alle vernünftigen Absichten zunichte.

Ich war zwanzig Jahre älter als Esra. Eine andere Entschuldigung kann ich nicht anführen.

Ich war eitel, unverschämt, sentimental, zynisch, abergläubisch, häßlich und voller Komplexe. Ich brannte vor Ehrgeiz und hatte Mitleid mit mir selbst. Ich besaß keine Eigenschaft, die stark genug gewesen wäre, mich zu veranlassen, daß ich Esra zu ihrem Vater zurückschickte.

Sie war siebzehn. Ein blondes Mädchen, wie viele Türkinnen griechischer Herkunft. Sie war biegsam und lachte herausfordernd, weil sie instinkiv die erotisierende Wirkung fühlen mochte, die von ihr ausging. Manoli Filoti, Mustafa, selbst der Butler Zeki begannen aufzutauen. Esra brachte Leben in die Dienerzimmer, kitzelte das männliche Personal der Botschaft wach, ließ sich hätscheln, schmeicheln, verwöhnen. Sie war der elterlichen Aufsicht entronnen und genoß es. Bei der Vorstellung, vielleicht Mustafa in ihrer Nähe zu wissen, während ich gerade Sir Hughe versorgte, wurde ich fast verrückt, und so behandelte ich sie eiskalt und voller Hohn. »Ich weiß nicht, ob du hier Arbeit finden wirst. Deine Kleidung ist schlecht, dein Auftreten zu laut . . .«

»Mustafa hat gesagt . . .«

»Mustafa hat Pech bei Frauen. Er ist froh, daß er endlich mal einer gefällt!«

»Aber er gefällt mir doch gar nicht!«

»Dann kann ich es auch nicht ändern. Wenn du willst, kannst du mit ihm ausgehen. Ich habe wenig Zeit für dich . . .«

»Aber ich will, daß du mir sagst, was ich falsch mache!«

»Ich sagte dir doch, daß ich wenig Zeit habe ...«

Spott, Kälte, Barschheit waren meine einzigen Waffen gegen ihre Jugend.

Sie bekam Manolis Zimmer.

Ich runzelte die Stirn. »Ich glaube nicht, daß Lady Mary dir erlauben wird, länger hier zu wohnen. Am besten, ich schreibe deinem Vater ...«

»Ich will nicht zurück! Bitte, hilf mir, daß ich hierbleiben kann!«

»Dann geh erst mal zum Friseur!«

Ihr Haar war wundervoll. Ich liebte seinen blonden Schimmer. Aber dadurch, daß ich sie kränkte, wurde sie innerlich unsicher.

Ich spürte ihre hilflosen Blicke, fühlte, wie die Schmeicheleien der anderen an Wirkung verloren und wie sie alles daransetzte, um von mir wenigstens eine schwache Anerkennung zu erlangen. Ich zwang mich, das Mädchen zu übersehen, obwohl es von meinem Denken längst Besitz ergriffen hatte.

Ich war im Bügelzimmer und plättete mehrere Anzüge Sir Hughes, als plötzlich der Strom wegblieb.

Ich ging zu dem Wandschrank mit den Sicherungen. Dort stand Esra.

Ich sagte: »Wahrscheinlich ist eine Sicherung durchgeschlagen. Laß dir von Mustafa welche geben ...«

»Sie sind nicht durchgeschlagen. Ich habe sie herausschrauben müssen.«

Ich starrte Esra an. Sie beeilte sich mit der Erklärung. »Es sind Handwerker da. Sie arbeiten an dem Geldschrank. Deswegen sollte ich die Sicherungen herausdrehen ...«

Ich hörte nicht mehr zu. Was Esra für einen Geldschrank hielt, war der Safe für die Geheimdokumente. Ich eilte in das Bürozimmer.

Einer der Botschaftsbeamten, die der Sicherheitsabteilung angehörten, saß auf einem Stuhl und sah gelangweilt zwei Handwerkern zu, die am Safe arbeiteten.

Ich fragte kühl: »Ist es nötig, daß alle Sicherungen ausgeschaltet werden? Ich brauche Strom. Sir Hughe wird mir Vorwürfe machen . . .«

Die Safetür war offen. Die Handwerker arbeiteten an der Alarmanlage. Keiner kümmerte sich um das, was ich sagte.

Ärgerlich rief ich ihnen jetzt zu: »Dann schalte ich sofort alle Sicherungen wieder ein!«

Ich machte kehrt – und hatte Erfolg! Mürrisch kam einer der Handwerker hinter mir her.

»Stell dich doch nicht so an!«

»Ich muß aber bügeln . . .«

»Wo sind denn die Sicherungen?«

Ich zeigte ihm den Weg. Esra stand immer noch neben dem Sicherungsschrank.

Ich sagte kühl: »Wenn Sie an der Alarmanlage reparieren müssen, genügt es, wenn Sie nur die Sicherung ausschrauben, an die die Anlage angeschlossen ist . . .«

»Das weiß ich allein . . .«, knurrte der Mann.

Er mußte ein paarmal hin und her laufen. Dann schraubte er alle anderen wieder fest und ließ nur diese eine gelockert.

Ich grinste: »Schließlich braucht der Strom doch nicht im ganzen Haus ausgeschaltet zu sein, nur damit eure Alarmglocke nicht bimmelt!«

Der Handwerker ging ins Bürozimmer zurück. Ich sah Esra an. »Merk dir diese Sicherung!« flüsterte ich ihr zu.

Sie verstand nicht, was ich meinte. »Warum?«

»Du sollst sie dir merken. Weiter nichts!«

Meine alte, siegessichere Unverschämtheit hatte wieder voll Besitz von mir ergriffen. Es war, als spürte ich, daß nun wieder die Glückssträhne vorhanden war, von der ich mich schon verlassen geglaubt hatte. Wenn ich Bewunderung spürte, gelang mir alles! Und Esra fing an, mich zu bewundern.

Ich erklärte: »Überleg mal, warum ein Safe mit einer Alarmvorrichtung gesichert wird, wenn es genügt, eine jedermann zugängliche Sicherung herauszuschrauben, um die Alarmglocke abzustellen!«

Sie murmelte: »Ich verstehe dich nicht . . .«

»Ich werde es dir heute abend erklären . . .«

Ich ließ sie vor dem Sicherungsschrank stehen und ging ins Bügelzimmer zurück.

Das Eisen war wieder heiß.

Wir saßen vermummt in einem Taxi. »Fahren Sie durch die Altstadt, an der Zitadelle vorbei, dann zum Atatürk Bulvar, dann in die Hügel . . .«

Es machte mir Spaß, lässige Anweisungen zu geben und Esra dabei neben mir zu fühlen.

Ich zeigte ihr die nächtliche Stadt. Meine Stimme war kühl, als erfüllte ich nur eine lästige Pflicht. Ich wußte, daß ihre Gedanken ganz woanders waren.

»Warum hast du mir den Mantel geschenkt?« Sie fragte es leise und schüchtern. Wir waren ins ABC gegangen, und ich hatte ihr einen hübschen, molligen, pelzgefütterten Mantel gekauft. Ihr verblüfftes Gesicht hatte mir Genuß bereitet.

Ich antwortete fast beiläufig: »Dein alter Mantel hat mir nicht gefallen. Du mußt dir etwas Mühe geben, wenn du hübsch aussehen willst. Da drüben ist die Zitadelle . . .«

Sie blickte hin, aber es interessierte sie nicht. Es war noch immer der Mantel, der sie beschäftigte. »Er war furchtbar teuer . . .«

»Darüber mach dir keine Gedanken.«

Ich war für sie ein Rätsel. Ich behandelte sie gleichgültig, fast grob, und dennoch machte ich ihr kostbare Geschenke.

Wir fuhren die erleuchtete Prachtstraße hinunter, über den Atatürk Bulvar. Lautlos glitt der Wagen über den Schnee. Ich mußte mich beherrschen, Esra nicht in die Arme zu nehmen. Aber das hätte alles verdorben. Die Straßen wurden stiller. Wir fuhren durch die eleganten Villenviertel, hinaus aus der Stadt.

Es war der sibirische Winter Anatoliens. Die Hügel lagen unter einer dicken Schneedecke. Kalt und klar wölbte sich der Nachthimmel über uns.

»Wir gehen ein Stück . . .«

Ich ließ den Wagen halten. »Warten Sie hier!«

Ich ging neben Esra, die Hände in die Manteltaschen gebohrt.

Ich sah das Mädchen nicht an. Von irgendwoher kam ein Heulen, halb erstickt, ein drohender, gepreßter Laut.

»Wölfe«, erklärte ich ihr. »Im Winter kommen sie bis an die Außenbezirke der Stadt. Du brauchst keine Angst zu haben. Frierst du?«

Ich sah, daß sie ein Frösteln überlaufen hatte.

»Nein«, murmelte sie.

»Was hältst du von diesem Krieg?«

Sie warf mir einen verständnislosen Blick zu. »Was geht das uns an?«

»Richtig«, sagte ich. »Du bist auch der Meinung, daß man uns mit diesem Krieg in Ruhe lassen soll.«

Sie machte ein unsicheres Gesicht. »Ich verstehe nichts davon . . .«

»Willst du auf die Universität gehen?«

Meine Frage traf sie überraschend. Die Universität – für ein junges Mädchen der modernen Türkei gibt es nichts Erstrebenswerteres, als zu studieren. In den meisten Teilen des Landes gilt die Frau noch immer nichts. Dagegen fühlt sich ein Mädchen, das die Universität besucht, wirklich frei und modern und europäisch.

Esra senkte den Kopf. Allmählich verfiel sie meinen Geschenken.

»Ich habe es mir immer gewünscht, zu studieren«, flüsterte sie.

Der Schnee knirschte unter unseren Füßen.

»Weißt du noch, welche Sicherung du ausschrauben mußt?«

Sie sah mich stumm an.

Ich fügte hinzu: »Wenn du es noch weißt, wirst vielleicht auch du eines Tages auf die Universität gehen können. Oder willst du bloß irgendwo so ein weiblicher Kawaß werden?«

»Was ist denn mit dieser Sicherung?« fragte sie mit leichter Verwunderung in der Stimme.

Ich antwortete nicht gleich. Ich ließ die Stille für mich wirken und unsere einsamen Schritte.

»Kannst du es dir nicht denken?« Ich sagte es kühl und sachlich. Dann blieb ich plötzlich vor ihr stehen. »Es ist kein Geldschrank. Es ist ein Safe, in dem Kriegsgeheimnisse aufbewahrt werden.«

Ich war für Esra jetzt ein dunkler, gedrungener Schatten gegen den weißschimmernden Hang. Ich posierte wie ein Komödiant und war meiner Sache sicher.

Hätte ich sie geküßt, ich wäre für sie nicht häßlich und abstoßend, sondern nur die Verkörperung des Abenteuers gewesen. Aber ich musterte sie ruhig und rührte mich nicht, sagte nur: »Du mußt wissen, daß du alles riskierst. Komm!«

Langsam ging ich zum Taxi zurück. Die Nacht bot Esra kalte Romantik und lockende Gefahr.

»Du bringst alles den Deutschen?« Sie stellte ihre Frage in einem kindlich-eifrigen Ton.

»Das geht dich nichts an!«

Wir stiegen in das Taxi. Esra drückte sich in ihre Ecke und saß steif aufgerichtet da. Ich rauchte. Ich hatte keinerlei Zweifel. Ich hörte, wie sie schluckte.

Ganz leise kam ihre Stimme. »Ich weiß noch, welche Sicherung es ist . . .«

Ich antwortete: »Ich werde es mir überlegen, ob ich dich gebrauchen kann.«

Es war der Abend des vierten Tages seit Esras Ankunft in Ankara.

Immer wieder tauchte in den Dokumenten, die ich fotografierte, das Wort *Overlord* auf. Es gab nahezu keinen Zweifel, daß unter diesem Decknamen jene zweite Front zu verstehen war, die die Russen von ihren Verbündeten dringend forderten – die Invasion in der Normandie.

Mit einiger Überlegung ließ sich erkennen, was Roosevelts, Stalins und Churchills Absichten waren. Churchill wünschte den Kriegseintritt der Türkei. Er plante eine Invasion auf griechischem Boden. Er wollte mit türkischer Unterstützung Saloniki nehmen und den Balkan zurückerobern; ihm ging es darum, daß auch die westlichen Alliierten dort Fuß faßten, nicht allein die Russen.

Aber die Türken zauderten, aktive Partner der Engländer zu

werden. Die Türken sagten, erst solle man die Invasion in Frankreich zum Erfolg führen, dann werde man sich zum Kriegseintritt entschließen. Die Engländer forderten zuerst den türkischen Kriegseintritt und die Invasion bei Saloniki, dann erst sollte die Invasion in Frankreich erfolgen. Die Frage war nur, wer bei dem diplomatischen Kampf siegen würde: das Drängen der Briten oder die Verzögerungstaktik der Türken.

Esra erfaßte ihre Aufgabe schnell. Schon am nächsten Mittag nach der Nacht in den verschneiten Hügeln kam sie in meine Kammer. »Sir Hughe ist zu einem Essen eingeladen ...«

Ich mußte lächeln. Ich wußte es natürlich. Aber ich fragte: »Woher weißt du das?«

»Ich habe ihn wegfahren gesehen. Manoli hat mir gesagt, daß er heute nicht hier essen wird.«

Sie machte eine Pause. Sie war schon so weit, daß es sie reizte, mich zu überraschen.

Sie ergänzte: »Und seine Sekretärin ist auch weg.«

Ich stand auf. »Sie macht vielleicht bloß einen kurzen Spaziergang.«

Esra schüttelte den Kopf. »Du hast mich zum Friseur geschickt ...«

Erst jetzt bemerkte ich ihre neue Frisur. Ich sah das Mädchen aufmerksam an.

Sie sagte: »Als ich rauskam, ist sie reingegangen. Es dauert lange beim Friseur ...«

Hatte ich mich in den letzten Tagen nur aufgeputscht? Kam jetzt, da ich vor der Entscheidung stand, ob ich den mit Alarmanlagen gesicherten Safe öffnen sollte oder nicht, wieder die Angst?

Ich lächelte. Meine Bedenken ließ ich mir vor Esra nicht anmerken. »Dann schraub die Sicherung aus«, sagte ich langsam.

Ich sah, wie gespannt ihr Gesicht war. Ich sah ihre Erregung. Aber sie brachte es fertig, mein Lächeln zu erwidern. »Ich brauche sie nicht auszuschrauben. Ich habe es schon getan ...«

Mir blieb keine Wahl. Ich mußte jetzt handeln. »Du wartest im Gang vor meinem Zimmer!«

Ich sah das Mädchen kühl und beherrscht an.

»Ja«, flüsterte sie.

Es war eine sinnlose Anweisung. Was hätte Esra im Korridor für mich tun können? Hätte sie schreien sollen: »Paß auf, es kommt jemand!« Aber meine Worte zeigten ihr, wie eiskalt ich sein konnte, und das Leuchten in ihren Augen spornte mich an. Indem ich kalte Sicherheit spielte, wurde ich kalt und sicher! Ich fühlte, wie Esra mir nachstarrte, als ich die Treppe zum Arbeitszimmer des Botschafters hinaufging, in dem sich der Safe befand. Ich hatte einen Augenblick der Selbsterkenntnis: Mir wurde klar, daß ich Esra nicht deswegen in die Botschaft geholt hatte, um in ihr eine Helferin zu haben. Ich hatte es getan, weil ich Publikum brauchte!

Mit Mara war es genauso gewesen. Maras Angst um mich, ihre Bewunderung hatten mich angestachelt, bis kein Reiz mehr davon ausging, Tollkühnheit vor ihr zu produzieren. Deshalb war mir Esra so willkommen gewesen! Ich war wie ein Schauspieler in einer neuen Stadt, vor neuen, kritischen Zuschauern, deren Beifall es erst zu erobern galt. Die Gier zu gefallen war stärker als die Nervosität. Die Angst kam gegen die Sucht nicht auf, wieder einmal vor einem Mädchen Eindruck machen zu können.

Ich fühlte mich wie der Held in einem Stück, das von Spionage handelt. Esra war die Verehrerin in der Loge, die mich anschließend um ein Autogramm bitten würde.

Was sollte mir schon passieren? Sir Hughe war zu einem offiziellen Essen gegangen. Seine Sekretärin Louise war beim Friseur. Lady Mary, seine Gattin, hatte sich den ganzen Vormittag über nicht blicken lassen. Sie war in ihren Räumen – damit beschäftigt, eine Erkältung mit Unmengen von heißem Tee zu bekämpfen . . .

Ich betrat das Arbeitszimmer, ohne mich umzuschauen, öffnete den Panzerschrank, ohne zu zögern. Ich entnahm der roten Kassette, die darin lag, die Dokumente, die sie barg, verschloß den Safe wieder und ging in mein Zimmer zurück. Ich pfiff: »Je suis seul ce soir . . .«

Esra sah mich mit großen Augen an, als ich an ihr vorbeiging. Ich kümmerte mich nicht um sie.

Ich fotografierte.

Es waren Anweisungen des Foreign Office darüber, was der türkischen Regierung in bezug auf die alliierten Kriegspläne für 1944 mitzuteilen sei.

Ich las, daß eine Operation gegen die deutschen Stellungen im Balkan geplant sei, die Invasion auf griechischem Boden.

›Es ist vorgesehen, am 15. Februar auf dem Flugstützpunkt Izmir britische Bomber- und Jagdgeschwader landen zu lassen, um die Operation gegen Saloniki von dieser Basis aus wirksam zu unterstützen. Auf die türkische Regierung ist entscheidend einzuwirken, daß sie der Operation zustimmt und hilft, sie durchzuführen...«

Das bedeutete Krieg! Krieg nun auch für die Türkei ... Aber es war mir in diesem Augenblick wichtiger, was ein 17jähriges Mädchen nachher voller Bewunderung zu mir sagen würde, wenn ich ihr meine Allwissenheit mitteilte!

Ich fotografierte frei aus der Hand. Mein ›Stativ‹ hatte ich zusammen mit dem Geld in mein gemietetes Häuschen gebracht, das ich bei mir selbst die ›Villa Cicero‹ nannte – eine Bezeichnung, die ich in winziger Bleistiftschrift an die Haustür geschrieben hatte, einem Bettler ähnlich, der seine Gaunerzinken anbringt als Zeichen für die Zunft.

Nachdem ich meine Aufnahmen gemacht hatte, barg ich die Dokumente unter meiner Dienerjacke. Im Korridor sagte ich zu Esra: »In fünf Minuten schraubst du die Sicherung wieder fest! Mehr als fünf Minuten brauche ich nicht...«

Langsam stieg ich die Treppe wieder hinauf, ging verschwenderisch um mit den fünf Minuten, damit ich Esras Beifall für mich nicht durch ängstliche Hast dämpfte.

Ich bezahlte meinen Leichtsinn mit verzweifelter Furcht!

Ich begegnete Lady Mary...

»Elyesa!«

Ich hatte sie weder gehört noch gesehen. Ihre Stimme riß mich aus meiner nachtwandlerischen Sicherheit, und der plötzliche Schreck ließ mich fast erstarren. Ich muß die Frau, deren wache Aufmerksamkeit ich stets mehr fürchtete als jedes Stirnrunzeln des Botschafters, mit geweiteten Augen angesehen haben. War es ihre Erkältung, die sie für mein Zittern blind machte?

»Was ist mit Ihrer Verwandten? Haben Sie schon eine Stellung für sie gefunden?«

Hatte ich vergessen, daß Esra nur die gleichgültige Gastfreundschaft Lady Marys genoß?

Ich stotterte: »Noch nicht, Mylady. Ich dachte, daß sie vielleicht hier . . .«

»Ich habe Ihnen gesagt, daß sie zwar vorübergehend hier wohnen kann, möchte Sie aber bitten, sobald als möglich eine Unterkunft für das Mädchen zu beschaffen.«

Sie war es gewohnt, Befehle zu erteilen.

»Selbstverständlich, Mylady. Ich kümmere mich darum . . .«

Der Schreck hatte mich frieren lassen. Jetzt trieb er mir den Schweiß auf die Stirn. Lady Mary hatte von den fünf Minuten, die mir blieben, einen nicht gerade kleinen Teil beansprucht.

»Ich habe es nicht gern, wenn man meine Gutmütigkeit ausnützt . . .«

Wieviel Zeit war verstrichen? Verzweifelt versuchte ich, es mir auszurechnen. »Ich würde mir nie erlauben, Mylady . . . Esra verläßt noch heute die Botschaft. Mylady können sich darauf verlassen . . .«

Hatte Esra vielleicht die Sicherung schon wieder festgeschraubt? Würde die Alarmanlage schrillen, wenn ich die Dokumente in den Safe zurücklegte?

»Sagen Sie Mustafa, daß er mir noch Tee bringen soll.«

»Ich sage es ihm sofort, Mylady . . .«

Ich machte kehrt, als wollte ich in die Küche.

Ihre Stimme rief mich zurück. »Es muß nicht heute sein, daß Esra geht«, sagte sie in halber Freundlichkeit. »Ich möchte nur nicht, daß es auf die lange Bank geschoben wird.«

Sie nickte mir zu und ging in Richtung auf ihre Zimmer davon.

»Ich bin Mylady sehr dankbar«, murmelte ich. Dann betrat ich den Arbeitsraum des Botschafters. Ich vergaß, daß es sicherer gewesen wäre, festzustellen, ob Esra die Alarmanlage nicht schon wieder eingeschaltet hatte oder ob mir noch Sekunden blieben. Ich hatte nur den Gedanken, die Dokumente wieder loszuwerden.

Ich öffnete den Safe, legte die Papiere in die Kassette, verschloß den Panzerschrank ... Die Alarmanlage blieb stumm!

Ich ging in die Küche.

»Noch Tee für Lady Mary«, murmelte ich mit schwacher Stimme.

Mustafa starrte mich an. »Ist dir schlecht?«

»Du sollst ihr Tee bringen!« schrie ich Mustafa jetzt an. Ich konnte mich nicht mehr beherrschen und knallte die Tür zu, als ich hinausging.

Ich sah Esra an, die plötzlich vor mir stand. Sie machte ein hilfloses, schuldbewußtes Gesicht. Ich bemerkte es nicht einmal. Sie flüsterte: »Die Sicherung ist durchgeschlagen, als ich sie eingeschraubt habe ...«

Jetzt hatte ich ein Opfer, an dem ich mich abreagieren konnte. Es kam mir gar nicht zum Bewußtsein und war mir sogar egal, daß es vielleicht dieses Durchschlagen der Sicherung gewesen war, das das Ende verhindert hatte.

»Dann besorg eine neue!« fuhr ich das Mädchen an.

»Ich kann nichts dafür ...«, stammelte sie, als hätte ich sie bei einem Verbrechen ertappt.

»Du bleibst nicht länger in der Botschaft!« sagte ich, und meine Stimme überschlug sich. »Ich kann dich nicht gebrauchen ...« Ich fühlte die Schwäche in meinen Beinen.

Esra senkte den Kopf, und so bemerkte sie nicht die Panik, in der ich mich befand und die mich noch nicht losgelassen hatte.

Ich traf mich mit Moyzisch diesmal nicht in seinem Wagen. Er bestellte mich in sein Büro, nachts, unter allen Sicherheitsvorkehrungen, genauso wie damals, als ich ihn zum erstenmal aufgesucht hatte. Ich nahm wieder einmal den Weg durch die Lücke im Zaun hinter dem Gärtnerhäuschen der deutschen Botschaft.

Es war Botschaftsrat Jenke, der mich in Empfang nahm. »Moyzisch kommt gleich ...«

Er lächelte. Ich glaubte eine gewisse Anerkennung für meine Leistungen aus seinen Blicken herauszulesen.

»Wenn die Deutschen es nicht verhindern, wird der Krieg jetzt auch hier in der Türkei beginnen«, sagte ich. »Diesmal ist es wohl soweit . . .« Und ich erzählte ihm, was die Filme enthielten, die ich mitbrachte.

»Dann müssen wir unmißverständlich auf die türkische Regierung einwirken«, murmelte er.

Es war bei dieser Gelegenheit, daß er davon sprach, Hitler werde mir in Deutschland eine Villa schenken, eine Bemerkung, die meiner Eitelkeit wohltat. Einem Kawassen ist materielle Gunst stets willkommen.

Dann kam Moyzisch, und ich gab ihm die Filme.

Botschafter Franz von Papen notierte später in seinen Memoiren:

›. . . die uns durch die ‹Operation Cicero› täglich bekannt werdenden britischen Telegramme hatten für uns zweifachen Wert: Durch das dem britischen Botschafter gegebene Resümee der Verhandlungen von Teheran erhielten wir ein allgemeines Bild der Absichten und auch der Meinungsverschiedenheiten der Alliierten über die politische Behandlung Deutschlands nach seiner endgültigen Niederlage. Für den Augenblick wichtiger war aber der intime Einblick, den wir in die operativen Pläne der Gegner gewannen . . .‹

Ja, sie gewannen Einblick. Durch mich! Ob sie aber den Krieg für die Türkei verhindern konnten?

Ich fühlte mich als Anwalt der türkischen Interessen, wenn ich auch ohne Auftrag handelte und vielleicht sogar ein ungebetener Anwalt sein mochte.

»Ich bin der Anwalt meines Volkes«, behauptete ich großspurig vor Esra, hingerissen von meinem eigenen Pathos. Und eitel fügte ich hinzu: »Ein Anwalt allerdings, der enorme Honorare für seine Leistungen nimmt – aus der Kasse eines fremden Staates! Es ist nicht unser Land, das ich arm mache.«

Solchen Reden, die ich führte, lauschte Esra voller Andacht. Seitdem sie glaubte, zu ungeschickt zu sein, um als meine Helferin zu fungieren, las sie mir jeden Wunsch von den Augen ab. In den Träumen eines schwärmerischen Mädchens war ich der große Mann. Als Dankopfer dafür, daß die Alarmanlage nicht geschrillt hatte, kaufte ich Esra Kleider, und sie hielt die Geschenke für die großmütige Geste eines Helden, der ihr eigentlich mit Recht, wie sie meinte, zürnen hätte müssen. Da sie nicht länger in der Botschaft bleiben konnte, nahm ich sie mit in die ›Villa Cicero‹.

»Ich bin so froh . . .«

»Wieso?« fragte ich kühl.

»Ich hatte Angst, du schickst mich zu meinen Eltern zurück . . .«

»Eigentlich sollte ich dich zurückschicken«, sagte ich düster. »Es gibt wahrscheinlich Krieg . . .«

»Ich will aber bei dir bleiben . . .«, murmelte sie mit gesenktem Blick.

Ich tat, als hätte ich es überhört. »Bis zum 15. Februar wird es sich entscheiden«, erklärte ich mit Bestimmtheit.

»Kann der Krieg nicht verhindert werden?« fragte sie naiv.

Mit großartigem Pathos erwiderte ich: »Vielleicht habe ich ihn schon verhindert. Aber nur vielleicht . . .« Ich genoß ihre Anbetung.

Es war eine groteske Situation. Ich kannte die Absichten der großen Männer, die mit Völkerschicksalen hantierten. Ich schnüffelte in Geheimnissen, die über Leben und Tod entschieden – und gleichzeitig erlebte ich mit spöttischem Grinsen das Duell zwischen Esra und Mara, die den Platz nicht räumen wollte.

»Wenn du dieses Mädchen ins Haus bringst, gehe ich mit Mrs. Busk nach London!«

Als ob das eine Drohung gewesen wäre! Ich hatte keine Angst mehr vor Mara. Sie war zu schwach, um sich durch einen Verrat für meine Untreue zu rächen. Sie war längst auf dem Rückzug und feuerte nur noch Schreckschüsse ab. War sie nicht insgeheim zufrieden? Ich hatte sie reichlich mit Geld versorgt.

Ich brachte Esra mit. Wir fuhren in einem Taxi vor, hatten einen Koffer dabei und einen Karton vom ABC mit den neuen Kleidern, die ich Esra gekauft hatte.

Mara zürnte: »Du wagst es!«

Ich mußte lachen, und das befreite mich endgültig von dem Schock, den ich durch Lady Mary erlitten hatte.

»Du tust, als ob sie meine Freundin wäre«, wies ich Mara zurück.

Die Groteske dauerte zehn Tage. Es war eine verrückte Zeit. Bei Sir Hughe war ich aufmerksamer Kammerdiener. Täglich fotografierte ich Dokumente ... Lady Mary war freundlich zu mir, weil ich ihren Befehl so prompt befolgt hatte. Der Kriegseintritt der Türkei hing in Schwebe. Und abends war ich der Spion in Pantoffeln, der Pascha, der von Rivalinnen verwöhnt wurde. Sie salbten meine Eitelkeit, brachen Rekorde im Zubereiten meiner Lieblingsspeisen, massierten mir Leib und Seele, um den Sieg zu erringen im Kampf um die Gestaltung des Feierabends nach Spionageschluß.

»War sie deine Geliebte?« fragte Esra.

»Das geht dich nichts an.«

»Mrs. Busk hat mich schon wieder gefragt, ob ich nicht nach London mitkommen will. Wie ist deine Entscheidung?« fragte Mara.

»London muß eine wunderbare Stadt sein.«

Es war die Entscheidung über den türkischen Kriegseintritt, die zuerst fiel. Von Papens Intervention bei der türkischen Regierung war erfolgreich gewesen. Sein Wissen um geheime Absprachen, das er von mir bezog und das die Regierung in Ankara verblüffte, veranlaßte die Türken, für diesmal aus dem blutigen Geschäft auszusteigen. Außenminister Numan Menemencioglu überbrachte Sir Hughe das Nein. Ich fotografierte es.

Botschafter von Papen beschrieb es später so:

›In einer Antwortnote der türkischen Regierung ... an die britische Regierung, die durch Sir Hughe hinübergekabelt wurde und als ‹Cicero›-Telegramm wenig später auf meinem Schreibtisch lag, setzte Numan auseinander, wie unmöglich es sein werde, als Termin des Beginnes einer Operation gegen Saloniki den 15. Februar 1944 einzuhalten wegen der auch bis dahin völlig unzulänglichen Versorgung der türkischen Streitkräfte ... Diese Note enttäuschte die Westalliierten in hohem Maß ...‹

Und er schrieb weiter:

›... Hitler war also durch mich völlig orientiert, daß die Churchillsche Offensive über Saloniki im Februar nicht stattfinden werde ... Am 3. Februar verließen die militärischen Delegationen der Engländer die Türkei. Bemerkenswert war, daß auch Luftmarschall Linnell, der die Vorbereitungen für den auf den 15. Februar festgesetzten Angriff auf Saloniki hatte treffen sollen, das Land enttäuscht verließ ... Die Balkanoperation mußte aufgegeben werden ...‹

Ich erlebte damals in der britischen Botschaft den Zorn Sir Hughes, so sehr er seine Verärgerung vor mir, als einem Angehörigen des Personals, auch zu verbergen suchte.

Ich hatte die Telegramme mit der türkischen Weigerung fotografiert, die Sir Hughe weiterleiten mußte. Ich hatte auch seine zornige Stellungnahme auf meinen Filmen, wo er London empört vorschlug, mit Ankara endgültig zu brechen. Ich wußte also, als ich ihn wie immer mit Orangensaft und ausgebürsteter Kleidung versorgte, was hinter seiner Stirn vorging, während er in seiner äußeren Haltung der reservierte Gentleman blieb.

Ich hatte alles fotografiert – die Spannung, ob es Krieg für mein Vaterland geben würde, war von mir genommen. Ich fühlte mich stolz und groß in der Überzeugung, daß ich es gewesen war, der einen neuen, einen nächsten Kriegszustand verhindert hatte.

Ich reichte Sir Hughe das Jackett, das er anziehen wollte, um sich von Luftmarschall Linnell zu verabschieden. Dabei sagte ich: »Heute ist ein wundervoller Tag, Exzellenz.«

Er antwortete: »Wenn Sie wüßten, wie wenig mich heute das Wetter interessiert.« Sein Gesicht war verdrießlich. Woher sollte er auch wissen, daß ich gar nicht das Wetter gemeint hatte?

Auch Sir Hughe schrieb später Memoiren. Ich las bei ihm über jene Februartage:

›Es folgte eine Zeit der Schwierigkeiten, während der wir

keinen Versuch machten, unsere Enttäuschung zu verbergen . . .‹

Während sich Sir Hughe von Luftmarschall Linnell verabschiedete, wischte ich die Tränen von Maras Wangen. Sie blieb ihrer Herrin und dem Buskbaby treu und ging mit ihnen nach England.

»Ich bin dir nicht böse . . .«

Sie sagte es mit jener weiblichen Tapferkeit, die es dem Mann ermöglicht, mit Anstand gerührt zu sein. Am gleichen Abend wurde Esra meine Geliebte.

9

Die Rolle Cornelia Kapps

Viele Jahre später, als ich Esra einmal traf und wir längst jenseits von Begehrlichkeit, Abenteuer und Traum waren, sinnierte sie lächelnd: »Mara hast du den Laufpaß gegeben, mich konntest du um den Finger wickeln, aber um die Frau, die wichtig gewesen wäre, hast du dich nicht gekümmert. Du hast nicht einmal von Cornelias Existenz gewußt . . .«

Ich antwortete: »Ich bin gerade dabei, das nachzuholen.«

Ich holte es nach, als gälte es, den alten Cicero von 1944 wieder zu beleben. Ich schnüffelte im Leben Cornelias, wie ich einst in den Briefen von Ribbentrops Schwager und dann im Safe und im Nachttisch von Sir Hughe geschnüffelt hatte. Wenn es mir auch nichts mehr nützen konnte, ich brannte doch darauf, Erklärungen zu finden. Manchmal war es mir, als wäre Cornelia eine Erfindung – und ihre wirkliche Existenz müßte ich mir stets aufs neue beweisen.

Wie war Cornelia? Wie hatte sie sich damals verhalten, als sie der drohende Schatten für mich war? Ich wollte alles über sie wissen!

»Fragen Sie Seiler, er hat sie doch überhaupt erst von Sofia nach Ankara gebracht!«

Es war ein Angehöriger der deutschen Botschaft, der mir diesen Tip gab.

Seiler – ich entsann mich an ihn. Presseattaché des Herrn von Papen. Ein großer, breitschultriger, dunkelblonder Mann. Moyzisch und ich hatten uns einmal in Seilers Wohnung getroffen. Ich übergab dort die Filme, die das Scheitern des britischen Invasionsplans von Saloniki bewiesen. Es war keine spannungsvolle Hintertreppenbegegnung gewesen, wie sonst immer in Moyzischs Wagen. Fast war es ein Herrenabend. Wir tranken Whisky, waren in Hochstimmung. Ein Flügel stand im Zimmer.

Moyzisch sagte: »Sie haben mir erzählt, daß Sie mit Sir Hughe gesungen hätten. Können Sie überhaupt singen?«

»Alles muß ich diesen Deutschen beweisen!« grinste ich und schmetterte daraufhin meine Arien, mit Klavierbegleitung und bei Gläserklingen. Ein prächtiger, lärmender Abend.

Seiler, der Inhaber dieser Wohnung, war es also, der Cornelia nach Ankara gebracht hatte. Ich wollte wissen, ob es stimmte. Ich wollte alles wissen, auch wenn es inzwischen 1961 geworden war!

Ich machte Seiler ausfindig. Er wohnt in Deutschland. Bei Nürnberg. Besitzt zwar keinen Flügel mehr, aber Geflügel. Er ist Hühnerzüchter geworden. Ich ließ ihm meine Fragen übermitteln. Mein Deutsch ist nicht so gut, daß ich ihn selbst hätte fragen können, abgesehen davon, daß mir das Geld für die Reise fehlte . . .

Zu den Mosaiksteinchen, aus denen ich das Bild Cornelias formen wollte, gesellte sich ein Tonband. Ich saß in meiner Wohnung in Istanbul – der Exspion, der die Vergangenheit beschwor. An den Wänden meine Fotos: Elyesa Bazna – in allen Lebenslagen, vor allem im Frack als Sänger. Zeugen meiner Eitelkeit! Ich hockte in meinem geblümten Sessel, angewidert von meiner monotonen Bürgerlichkeit, hörte den Bericht aus der Vergangenheit, hervorgelockt durch Fragen, die nur mit dem Wissen von heute gestellt werden konnten. Ich lauschte auch auf meine Gedanken, die mir beim Abhören des Tonbandes kamen. Es war, als verschwände die bürgerliche Behaglichkeit meines Zimmers. Das schleifende Geräusch des abspulenden Bandes in den Gesprächspausen zerrte an meinen Nerven, als geschähe dies alles damals, als es noch für mich entscheidend gewesen war.

»Welche Funktion hatten Sie 1944 an der deutschen Botschaft in Ankara?«

»Ich war Presseattaché.«

»Wie standen Sie zu Moyzisch?«

»Wir waren befreundet.«

»Haben Sie mit ihm auch zusammengearbeitet?«

»Wenn es sich so ergab.«

»Wieso gelang es Cornelia, ausgerechnet Moyzischs Sekretärin zu werden?«

»Das war Zufall.«

»Ein merkwürdiger Zufall. Ausgerechnet Sie haben sie nach Ankara gebracht.«

»Moyzisch brauchte dringend eine zweite Hilfskraft. Er hatte eine Sekretärin. Er suchte eine zweite.«

»Weil ihm die ›Cicero‹-Berichte reichlich Arbeit brachten.«

»Ja.«

»Und da schickt er Sie nach Sofia, sagt Ihnen: ›Sieh mal zu, ob du nicht eine Sekretärin findest‹ – und Sie fallen auf Cornelia herein. Sie hat schon in Sofia für die Amerikaner gearbeitet. Das hat sie selbst zugegeben.«

»Woher sollte ich das wissen? Was Sie sagen, ist Unsinn! Moyzisch hat mich nicht nach Sofia geschickt, um eine Sekretärin heranzuschleppen. Es war Zufall, daß alles so gekommen ist.«

»Ich glaube an keine Zufälle!«

»Was Sie glauben oder nicht, interessiert mich nicht! Ich war für meine Presseabteilung in Sofia.«

»Warum?«

»Ich kaufte ein. Fernschreibmaterial, Kopiermaterial – Dinge, die damals in Berlin schwer zu bekommen waren und die es in Sofia billig gab . . .«

»Und Cornelia machte sich an Sie heran . . .«

»Ich wohnte im Hotel Bulgari. Es war für Deutsche reserviert. Dort wohnten Angehörige der Botschaft. Handelsdelegierte, Offiziere in irgendeiner Mission.«

»Auch Cornelia Kapp?«

»Ja.«

»Wieder ein Zufall?«

»Ihre Eltern wohnten dort. Ihr Vater war Generalkonsul. Er gehörte zur deutschen Botschaft in Sofia.«

»Und?«

»Cornelia war Sekretärin an der Botschaft.«

»Von Vaters Gnaden.«

»Sie war eine tüchtige Kraft. Alle haben das bestätigt!«

»Elyesa Bazna, genannt Cicero, hat erlebt, wie tüchtig sie war.«

»Ich habe ihre Eltern in der Halle des Hotels kennengelernt. Nette Leute. Ehrenhafte Leute. Kapp war ein Diplomat alter Schule. Generalkonsul in Bombay, dann in Cleveland ...«

»Ich weiß. Wie alt?«

»In den Fünfzigern. Ein Pflichtmensch. Sehr gütig.«

»Vor allem zu seiner Tochter.«

»Das stimmt schon. Ich hatte den Eindruck, daß er ihr jeden Wunsch von den Augen ablas.«

»Auch den Wunsch, Verräterin in Ankara zu werden?«

»Was kann der Vater denn dafür? Wissen wir, aus welchen Gründen sie auf diesen Weg geriet? Ich fälle kein Urteil über das Mädchen.«

»Sie war hübsch, nicht wahr?«

»Sehr attraktiv; gerade über Zwanzig, glaube ich.«

»Da fällt es schwer, ein negatives Urteil zu fällen.« Das Tonband lief und lief, und ich hörte in Istanbul zu, woran sich der heutige Hühnerzüchter Seiler erinnerte. Ich konnte mir gut vorstellen, wie Vater Kapp, der gütige Pflichtmensch, seine Tochter vergötterte, das Lieblingskind, die sanfte Blondine, die darauf aus war, mich zu vernichten!

»Wenn Sie mit Kapp sprachen, war Cornelia immer dabei?«

»Ja. Es ergab sich so.«

»Sie hat es arrangiert.«

»Das war nicht zu bemerken. Kapp fragte mich, ob seine Tochter nicht einen Posten in Ankara bekommen könnte. Die Türkei war schließlich neutrales Ausland, während Sofia ein heißes Pflaster war.«

»Und Sie haben sofort gesagt, da ist mein Freund Moyzisch, Agent des Reichssicherheitshauptamtes, beschäftigt mit der berühmten ›Operation Cicero‹, der hat so viel Arbeit, daß ihm Cornelia gut dabei helfen könnte!«

»So albern ging es nun wieder auch nicht zu!«

»Wie denn ging es zu?«

»Ich sagte natürlich, daß für seine Tochter eine Tätigkeit in Ankara möglich sei und daß ich mich gern dafür verwenden würde. Ich wußte doch, wie händeringend Moyzisch noch eine Kraft brauchte.«

»Sie gingen ihr also auf den Leim!«

»Sie unterstellten, daß Generalkonsul Kapp mit Cornelia im Bunde war!«

»Warum nicht?«

»Er war ein Ehrenmann! Er war todunglücklich, als er alles erfuhr. Er ist vor Kummer gestorben.«

»Dann hat sie eben zuerst ihren Vater hereingelegt, und der wieder, wenn auch unwissend, Sie!«

»Ich habe mich lediglich bemüht, einem älteren Kollegen gegenüber, zu dem ich Vertrauen haben mußte, nett zu sein. Ich sagte, daß ich da einen Posten im Auge hätte, der absolute Diskretion und Zuverlässigkeit erfordert . . .«

»Und Cornelia rief sofort: ›Dafür bin ich die Geeignete!‹«

»Sie sagte gar nichts. Sie saß still dabei. Es war Herr Kapp, der geantwortet hat. Er meinte, daß die Tochter eines alten Beamten des Auswärtigen Amtes wohl über jeden Zweifel erhaben sei . . .«

»Und Sie haben dann gesagt, es handle sich um Mitarbeit im ›Fall Cicero‹!«

»Das habe ich nie gesagt!«

»Sie haben nie über die ›Affäre Cicero‹ gesprochen, über die schon in allen deutschen Diplomatenkreisen geklatscht wurde wie über eine Goebbels-Liebschaft?«

»Ich habe den Decknamen nie erwähnt. Ich habe nie von Cicero gesprochen. Nur . . .«

»Was nur?«

»Gesprächsweise habe ich fallen lassen, daß wir so ziemliche Kenntnisse haben . . . Aber nicht Kapp gegenüber! Nur zu anderen in Sofia . . .«

»Natürlich, zu anderen, nur zu Kapp nicht. – Sind Sie mit Cornelia ausgegangen?«

»Mein Gott, machen Sie es nicht so abenteuerlich! Ich bin nach Ankara zurückgefahren und habe Moyzisch gesagt, daß ich was für ihn hätte. Tochter eines Generalkonsuls, in Amerika aufgewachsen, spricht Englisch wie ihre Muttersprache. Moyzisch hat sofort gesagt: ›Die muß her. Die muß her!‹«

»Gleich zweimal.«

»Er ist so spontan. Seine nette österreichische Art . . .«

»Sie wurde überprüft. Vom Personalamt des Auswärtigen Amtes. Vom Reichssicherheitshauptamt. Schließlich war es ja ein Posten, der letztlich Kaltenbrunner unterstand.«

»Und alle fanden, daß Cornelia die gegebene wäre?«

»Sie kam im Januar 1944 nach Ankara . . .«

So also hatte sie es geschafft!

Meine Feindin war am Ort. Wie mußte sie triumphieren! Aber das Tonband erzählte es anders.

»Ich habe sie mit Moyzisch am Bahnhof abgeholt. Sie stieg aus – ich war nun doch peinlich berührt . . .«

»Wieso?«

»Ich hatte sie doch empfohlen! Ich hatte sie beschrieben; nett, hübsch, gepflegt. Als sie aus dem Zug stieg, starrten wir sie verblüfft an. Dann schaute mich Moyzisch an, als ob er an meinem Verstand zweifle.«

»Weiter! Sie waren peinlich berührt . . .«

»Sie sah schauderhaft aus. Ein Nervenbündel. Die Haare hingen ihr ins Gesicht, ungepflegt, schmutzige Hände, schmutzige Fingernägel . . .«

»Nach einer langen Bahnfahrt . . .«

»Aber nein! Damit konnte das nichts zu tun haben. Ich hatte den Eindruck, daß ihr auf der Fahrt etwas zugestoßen war, was sie völlig erledigt haben mußte, so daß sie nicht mehr auf ihr Äußeres achtete . . .«

»Vielleicht wollte sie aus dem Verratsgeschäft aussteigen. Vielleicht haben ihr die Amerikaner, für die sie arbeitete, unterwegs zugesetzt. Vielleicht stand sie unter Druck. Sie hatte sich da auf etwas eingelassen und wollte vielleicht nicht mehr, wurde nun gezwungen . . .«

»Ich weiß es nicht. Wir konnten uns weder ihr Aussehen noch ihr Verhalten erklären.«

»Hat sie sich später wieder geändert?«

»Äußerlich schon. Moyzisch hat ihr Vorhaltungen gemacht, wie sie herumlaufe. Sie hat es geschluckt. Aber ich glaube, sie hat ihn gehaßt, weil er sie dadurch in ihrer Weiblichkeit gekränkt hat. Aber sonst...«

»Was sonst?«

»Es war eben schwierig mit ihr. Nicht viel anzufangen. Sie hat nicht gelacht. War teilnahmslos. Apathisch. Das gerade Gegenteil eben von ihrer Art in Sofia. Ein völlig anderer Mensch. Moyzisch hat gesagt, wir sollten ihr einen Mann besorgen; vielleicht läge es daran. Es war schlimm mit ihrer Hysterie...«

Das Tonband war zu Ende. Die Fragen, die zu stellen ich veranlaßt hatte, hatten Antworten gebracht, die mir eine Cornelia zeigten, wie ich sie nicht erwartet hätte: eine Cornelia mit vielen verschiedenen Gesichtern – ein hübsches Mädchen, ein verzweifeltes Mädchen, ein raffiniertes Mädchen, eine Hysterikerin, die sich vernachlässigte, um sich dann wieder übertrieben zu pflegen.

Der Begleitbrief zu dem Band: ›Anbei das Gewünschte. Ein weiteres Band folgt...‹

War das Mädchen nicht nur mir ein Rätsel, sondern – schon damals! – auch den Leuten, mit denen sie engsten Kontakt hatte?

Ich suchte die Berichte aus San Diego in Kalifornien hervor, die Äußerungen, die Cornelia Kapp selbst gemacht hatte. Sie erklärte:

»... mein hysterisches Benehmen war nichts weiter als ein Ablenkungsmanöver meinerseits. Ich habe die Hysterische gespielt, um meine innere Unruhe und Nervosität zu tarnen. Schließlich lebte ich ja in der ständigen Angst, entdeckt zu werden. Hätte ich mich benommen wie ein normaler Mensch, dann wäre ich an den Tagen, an denen die Spannung fast unerträglich wurde, erst recht aufgefallen. Aber so schien ich eben immer hysterisch zu sein...«

Cornelia, die mich fassen wollte, hatte die Hysterie gespielt – genau wie ich vor Esra den eiskalten Spion. Ich fühlte noch nachträglich die Verwandtschaft unserer Charaktere.

Aber ich fand eine Stelle in ihren Erklärungen, die mich erschreckte. Darin hieß es:

»Ich habe während meiner Arbeit in Ankara Drogen nehmen müssen, denn meine Tätigkeit zerrte an den Nerven. Die Beziehungen meines Vaters hätten mich nicht vor dem Galgen gerettet, wenn ich gefaßt worden wäre.«

Spielte sie wirklich nur den anderen etwas vor? Betrog sie sich nicht auch selbst, indem sie ihr Gewissen, ihre Angst, ihren Ehrgeiz dem aufpeitschenden Einfluß von Drogen auslieferte?

Ich saß in meiner geblümten Bürgerlichkeit, umgeben von Berichten, Tonbändern und türkischen Nippes. Wie würde es sein, wenn sich die Zimmertür öffnete, und Cornelia einträte, nunmehr eine Enddreißigerin, abgedankt wie ich?

Ich würde sagen: »Geben wir doch zu, daß es ein unseliges Gewerbe war! Man hat uns benutzt, wie ich meine Kamera benutzt habe. Hatten wir wirklich ein Gefühl der Befriedigung? Fühlten wir uns wirklich so wichtig, so entscheidend, so großartig? Die meiste Zeit haben wir doch nur damit verbracht, unsere Angst zu verstecken . . .«

Würde Cornelia es zugeben?

Ich würde mit schiefem Mund lächeln und fragen: »Was hat man Ihnen dafür gezahlt, damit Sie die Angst vergessen?«

10

Unternehmen ›Overlord‹

Overlord!

Um das geheimnisvolle Wort kreisten die Gedanken, die Hoffnungen, die Ängste. Overlord! Das bedeutete für hundertsechsundsiebzigtausend Soldaten, daran zu denken, daß jedem einzelnen von ihnen der Tod begegnen könnte. Overlord – das bedeutete ein Rechenexempel für die Generalstäbler, ein Rätsel für Geheimdienste, eine Drohung für den Gegner.

Ein Tag wurde erdacht und geplant. Er wurde der *Tag D* genannt. Ein Tag, der anfangs noch an kein bestimmtes Datum gebunden war. Aber nur wenige Daten kamen in Frage, zu jenem Tag D zu werden, auf den die Alliierten ihre Hoffnungen setzten.

Der Tag, an dem sich Overlord vollziehen sollte, mußte viele Bedingungen erfüllen.

Die Nacht vor dem Tag mußte mondhell sein. Zur entscheidenden Stunde am Tag D mußten Ebbe und Flut einen ganz bestimmten Stand erreicht haben. Die See durfte nicht so aufgewühlt sein, daß sie alles zunichte gemacht hätte. Jene hundertsechsundsiebzigtausend Soldaten mit ihren zwanzigtausend Fahrzeugen, Soldaten, die sich vorm Sterben fürchteten wie jeder andere, mußten an diesem Tag bereit sein, ihre Furcht in der entscheidenden Stunde zu vergessen. Sie mußten bereit sein, über die See kommend, auf die Stunde genau die Küste der Normandie im Sturm zu nehmen, im Namen von Overlord zu siegen oder zu sterben.

Overlord – das bedeutete schließlich, als es soweit war, zu warten! Ein nervenaufreibendes Warten! Bedeckter Himmel, die Wolken hingen tief, der Wind blies kräftig von Südwest, es regnete, die See war unruhig. Diejenigen, die alles ausgerechnet hatten, waren verzweifelt. Denn nur an drei Tagen eines jeden

Mondumlaufes wurden alle Bedingungen erfüllt, die unabdingbare Voraussetzung waren: der Stand von Ebbe und Flut, die Chance auf Mondschein ...

Die deutschen Wetteroffiziere meldeten an ihre Stäbe, das stürmische Wetter werde mehrere Tage anhalten. Die alliierten Meteorologen dagegen kündigten für wenige Stunden des nächsten Morgens eine Besserung an. Da wurde der Befehl gegeben: Der kommende Tag wurde endgültig zum *Tag D* bestimmt!

Die hundertsechsundsiebzigtausend Soldaten griffen an. Sie kamen von England und stürmten die normannische Küste. Es war der 6. Juni 1944 – der Tag D, der Tag der Invasion. Overlord war Wirklichkeit geworden!

Ich selbst fing schon drei Monate vor dem Tag D zu ahnen an, was Overlord bedeuten könnte. Das seltsame Wort tauchte immer häufiger in den Telegrammen und Dokumenten auf, die ich fotografierte. Ich war der erste auf der anderen Seite, der Kenntnis vom ›Unternehmen Overlord‹ besaß.

Ich fühlte mich großartig in Form. Ich arbeitete bedenkenlos und leichtsinnig. Esra, meine Geliebte, die in mir den Abenteurer anbetete, spornte mich an.

»Overlord bedeutet die zweite Front, verstehst du? Die Russen fordern die zweite Front. Jedesmal, wenn von dieser Forderung die Rede ist, wird in den Telegrammen von Overlord gesprochen. Es kann gar nichts anderes bedeuten!«

Einem 17jährigen Mädchen, das an meinen Lippen hing, erklärte ich die Zusammenhänge des großen Krieges.

»Den Engländern wäre es lieb gewesen, wenn die Türkei jetzt an ihrer Seite losgeschlagen hätte. Weil dann die Deutschen am Balkan alle Hände voll zu tun bekommen hätten. Und die Divisionen, die sie dann hier unten brauchen, würden den Deutschen eben bei der Abwehr von Overlord fehlen. Aber die Türken wollen immer noch nicht mitmachen. Sir Hughe hat nach London telegrafiert, erst wenn Overlord gelungen sei, könnte man mit den Türken rechnen ...«

Ich spielte mich als Stratege und Schlachtenlenker auf. Ich saß im Wohnzimmer meines gemieteten Bungalows, tief in den Sessel gelehnt, die Beine von mir gestreckt, und tat Overlord mit einer lässigen Handbewegung als erledigt ab.

»Wenn die Deutschen aufpassen, kann ihnen gar nichts passieren! Sie müssen sich bloß gründlich das Material anschauen, das ich ihnen liefere. Das Wort *Overlord* klingt immer dringlicher. Es kann nicht mehr lange dauern! Wenn die Deutschen schlau sind, bereiten sie sich vor . . .«

Esra belohnte meine Tiraden mit ihren Zärtlichkeiten. Jeder Gedanke an Mara, die wild und unbeherrscht gewesen war, versank. Esra war sanft und scheu und voll stiller Hingabe. Fast hatte es den Anschein, als fürchtete sie, ihre Liebkosungen könnten mich belästigen. Eitel und dumm wie ich war, vergeudete ich ihre Liebe.

»Wirst du mich immer bei dir behalten?«

Ihre leise Frage schreckte mich auf. Ich war nur von meiner eigenen Bedeutung erfüllt. Ich sah das Mädchen ärgerlich an. »Du weißt selbst, daß wir uns eines Tages trennen müssen«, sagte ich.

Sie nickte nur und nahm es hin.

Ich verließ sie und ging in die britische Botschaft. Ich schlief in meiner Dienerkammer, und pünktlich um halb acht Uhr morgens servierte ich Sir Hughe seinen Orangensaft. Zur Mittagszeit, während er zu Tisch saß, fotografierte ich ein Dokument, das wieder von Overlord handelte.

Das Wort ließ mich nicht mehr los. Heute weiß ich, daß ich der erste war, der den Deutschen den Decknamen für die Invasion zur Kenntnis brachte. Aus dem Inhalt des Dokuments war zu schließen, daß ein General namens Eisenhower den Oberbefehl über die Aktion Overlord erhalten hatte. Ein Amerikaner. Was konnte mir der Name damals schon sagen? Vielleicht wurde die Tatsache eines amerikanischen Oberbefehlshabers der türkischen Regierung nur deshalb zur Kenntnis gebracht, damit die Türken beeindruckt wären. Vielleicht hielten die Türken einen amerikanischen Oberbefehl für erfolgversprechender als einen britischen, und es sollte ihnen klargemacht werden, daß es nun wirklich an der Zeit wäre, auf seiten der Alliierten mitzukämpfen. Es war mir gleichgültig, weshalb auf einem Dokument im Zusammenhang mit Overlord der Name Eisenhower auftauchte. Mir genügte es, meine Wichtigkeit wieder einmal beweisen zu können. Ich rief die deutsche Botschaft an.

Moyzischs Sekretärin war am Apparat, die Frau, von der ich nicht ahnte, daß ich sie zu fürchten hatte.

»Hier Pierre . . .« Ich war in blendender Laune. Ich trompetete ins Telefon, als hätte ich eine neue Eroberung gemacht. »Wie geht es Ihnen, Kindchen? Ist heute nicht ein herrlicher Tag? Der Frühling steht vor der Tür! Was machen Sie denn zu Ostern?« Ich machte die albernen Bemerkungen eines billigen Kavaliers.

»Ostern mache ich Urlaub«, antwortete sie trocken. »Wer sind Sie eigentlich?«

»Pierre – ich bin Pierre, der beste Freund von Moyzisch!«

Sie lachte kurz. »Wer Sie wirklich sind, wollte ich wissen. Ich höre bloß immer Pierre . . .«

»Wer ich bin? Das geht dich nichts an, Süße! Nun gib mir mal den Herrn Moyzisch . . .«

Sie sagte nichts mehr. An dem Knacken in der Leitung hörte ich, daß sie umschaltete. Dann war Moyzisch am Apparat.

»Wir wollen morgen Bridge spielen«, sagte ich. »Ich habe die Trümpfe schon in der Hand . . .«

»In Ordnung, ich freue mich«, antwortete er. Seine Stimme aber klang mürrisch.

»Mein Gott, sind Sie aber schlechter Laune«, rief ich ins Telefon. »Grüßen Sie das süße Mädchen im Vorzimmer von mir . . .«

Er knurrte: »Hören Sie doch endlich mit dem Quatsch auf!« und legte auf.

Wir trafen uns an einer Ecke der Özdemirstraße. Ich stieg in Moyzischs Wagen, und wie üblich fuhren wir unsere Runde durch die Altstadt und tauschten Geld und Filme aus.

»Ihr Mädchen fährt Ostern auf Urlaub«, erzählte ich ihm.

»Gott sei Dank«, murmelte er.

Ich grinste, als ich sein verdrießliches Gesicht sah. Es war offenkundig, daß er nicht gut auf die Frau zu sprechen war. »Ich würde gern mal mit ihr ausgehen.«

Er knurrte: »Wenn Ihnen hysterische Frauen liegen, bitte!«

Seine Laune an diesem Abend war mit der meinen nicht zu vergleichen. Ich klopfte ihm auf die Schulter, stieg aus und kehrte in meine Dienerkammer in der Botschaft zurück. Das Geld legte ich unter meinen Teppich, wie ich es früher schon immer getan hatte. Ich glaubte, mir das wieder leisten zu können.

Ostern 1944 wurde für Cornelia Kapp, meine Feindin, die Zeit der Entscheidung. Da alles vorbei ist, kann es mir nichts mehr nützen, daß ich das heute weiß.

Ebenfalls Ostern, aber siebzehn Jahre später, saß ich in meiner Istanbuler Wohnung, ein behäbiger Exspion, und suchte nach einer Erklärung der Ereignisse von damals. Mit der Post war eben das zweite Tonband aus Deutschland gekommen mit meinen Fragen und den Antworten Seilers, des ehemaligen Presseattachés der deutschen Botschaft, jenes Mannes, mit dessen ahnungsloser Hilfe es Cornelia verstanden hatte, Moyzischs Sekretärin zu werden.

Ich legte das Band auf und schaltete ein.

»Was geschah damals in den Tagen vor Ostern?«

»Das Mädchen spielte verrückt. Wir wußten ja nicht, warum.«

»Was heißt, sie spielte verrückt?«

»Ihre Hysterie war nicht mehr zum Aushalten.«

»Cornelia Kapp behauptet heute, ihre Hysterie wäre gespielt gewesen.«

»Das glaube ich nicht. Sie war mit den Nerven völlig fertig.«

»Vielleicht hatte sie Angst, daß Moyzisch sie schon im Verdacht hatte.«

»Das kann sein. Aber sie hätte keine Angst zu haben brauchen. Wir haben nicht gemerkt, daß sie für die andere Seite arbeitete. Sie war empört über jeden Verrat ...«

»Was für einen Verrat?«

»Damals waren ein paar Deutsche zu den Engländern übergelaufen . . .«

»In Ankara?«

»Nein, in Istanbul. Angestellte des deutschen Generalkonsu-
lats.«

»Einfache Konsulatsangestellte?«

»Nein. Es waren Mitglieder der Abwehr. Spezialisten.«

»Wichtige Leute also?«

»Ja. Es hat gehörigen Wirbel unter den Deutschen gegeben.
Erst verschwand der eine, dann der nächste. Im ganzen sind damals drei Leute übergelaufen.«

»Und Cornelia Kapp hat getan, als wäre sie darüber empört?«

»Sie hat sie Verräter genannt. Sie hat von ihren beiden Brü-
dern erzählt. Die waren Offiziere an der Ostfront. Sie hat gesagt, solche Verräter fielen den Frontsoldaten in den Rücken.
Sie hat alle Phrasen gebraucht, die einem nur einfallen können.
Pflichterfüllung. Pflicht der Nichtkämpfenden gegenüber den
Soldaten. Deutschland wird den Krieg gewinnen. Allen Feinden
zum Trotz – sie hat gewaltige Reden gehalten jedenfalls . . .«

»Damit kein Verdacht auf sie fällt . . .«

»Offensichtlich. Sie hat sogar Briefe ihrer Brüder mitgebracht
und sie vorgelesen.«

»Was für Briefe?«

»Es waren rührende Briefe. Wie sie eben ein Frontsoldat
schreibt, der sich bemüht, einen Sinn in dem Krieg zu sehen.
Wie Soldaten sie schreiben, die an etwas glauben, wofür es sich
lohnt, auch das Leben einzusetzen . . .«

»Die hat sie vorgelesen . . .«

»Ja. Moyzisch hat mir erzählt, daß sie dann geweint hat. Sie
ist an ihrem Schreibtisch zusammengebrochen und hat haltlos
geschluchzt . . .«

»Eine Verräterin im Zwiespalt . . .«

»Woher wollen wir wissen, was in solchen Augenblicken in
einem Menschen vorgeht? Ich maße mir kein Urteil an.«

»Aber sie hat sie doch vorgelesen, um zu beweisen, daß sie

eine besonders gute Deutsche ist, aus einer Familie mit besonders guten Deutschen . . .«

»Es gibt jedenfalls keine andere Erklärung. Sie wollte uns täuschen. Jedenfalls war sie ein derartiges Nervenbündel, daß Moyzisch genug von ihr hatte. Er wollte sie abschieben.«

»Er wollte sie abschieben? Es war also nicht so, daß sie verschwinden, sondern daß er sie los sein wollte?«

»Vielleicht kam beides zusammen. Wir wußten ja nicht, daß sie ihr Ziel fast erreicht hatte und sich in Gefahr wähnte. Vielleicht hat sie gedacht, Moyzisch beobachtete sie schon. Das hat er nicht getan. Er hatte einfach genug. Er ist zu Herrn von Papen gegangen . . .«

»Weshalb?«

»Sie wollten das delikate Problem elegant lösen. Ihr Vater war doch immerhin Diplomat. Man wollte dem Generalkonsul Kapp nahelegen, seine Tochter zu sich zurückzuholen. Als Grund schob man vor, daß sie uns wegen ihrer Gesundheit Sorgen machte. Deshalb sei sie den Anforderungen nicht gewachsen . . .«

»Man schrieb also an den Generalkonsul Kapp nach Sofia . . .«

»Nein, nach Budapest. Er war nach Budapest versetzt worden. Wir schrieben hin. Cornelia wußte nichts davon.«

»Es sollte so aussehen, als ob der Vater die Tochter zurückholte . . .«

»Ja, so sollte es aussehen. Wir wollten auf den Vater Rücksicht nehmen. Sie machte eben zu viele Fehler bei der Arbeit. Sie war unaufmerksam, und wenn sie getadelt wurde, bekam sie ihre Anfälle. Sie war eine Belastung . . .«

»Logischerweise war sie bei der Arbeit für Moyzisch unaufmerksam, weil sie aufmerksam sein wollte für die Arbeit zugunsten der anderen Seite . . .«

Ich hörte dem Tonband zu und stellte mir den Zustand vor, in dem sich Cornelia Kapp damals befunden haben mußte. Sie ahnte wohl, wer der von ihr gesuchte Cicero war. Sie war dicht vor ihrem Ziel, kam aber gleichzeitig um vor Angst, von den Deutschen ertappt und hingerichtet zu werden.

Das Tonband spulte weiter ab.

Ich hörte Seilers Stimme: »Wir waren überrascht und froh, als sie plötzlich von sich aus um Urlaub bat. Wie sie sagte, wollte sie über Ostern gern ihren Vater in Budapest besuchen. Moyzisch kam da gleich zu mir und rieb sich die Hände. Es ging einfacher, als er es sich gedacht hätte, erzählte er. Cornelia fahre auf Urlaub. Na, und dann käme sie eben nicht mehr zurück . . .«

»Er dachte also an nichts anderes, als daß er auf diese bequeme Weise eine hysterische Sekretärin vom Hals bekäme . . .«

»Ja. Er war dann besonders freundlich zu ihr.«

»Kunststück!«

»Ich weiß noch, sie ging Einkäufe machen. Moyzisch ging sogar mit. Ostergeschenke für ihre Eltern wollte sie kaufen. Und neue Sachen für sich selbst . . .«

»Sie ging mit Moyzisch zum Beispiel ins ABC, nicht wahr?«

»Weil das der feinste Laden war . . .«

Ich schaltete das Band aus. Damals im ABC war ich Cornelia begegnet.

Meine Gedanken schweiften zurück.

Ich hatte Esra eine Freude machen wollen. Wir waren vor dem Schaufenster des ABC gestanden.

»Wie wunderschön es ist!«

Esra hatte verzückte Augen gemacht und auf ein Kleid in der Auslage gestarrt, ein hübsches Kleid, in dem sie wie eine Dame aussehen würde.

Ich saß dann in meiner Dienerkammer und dachte an Esra. Das Kleid fiel mir ein, und ich stellte mir Esras Entzücken vor, wenn ich mit einem der flachen ABC-Kartons zu ihr käme und sie das Kleid darin finden würde.

Es kostete mich einen Griff unter den Teppich, wo flach ausgebreitet die Geldscheine lagen.

Es machte mich stolz, Wünsche erfüllen zu können, zu jeder Zeit, zu jedem Preis. Ich befand mich auf dem Höhepunkt, ohne es zu ahnen. Ich fürchtete kein Bergab. Ich glaubte, es würde immer so weitergehen, immer so weiter . . . Ich legte mir keine

Rechenschaft ab, verbannte jeden Zweifel. Und wenn Bedenken kamen, griff ich nach dem Geld, legte meine Hände darauf, befühlte es, ballte die Fäuste um ganze Bündel von Scheinen und fand den Glauben an mich selbst wieder. Ich war unersättlich. Das Ende? Ich glaubte an kein Ende. Mit Cicero, dem Spion, würde es eines Tages zu Ende sein, auch mit Elyesa, dem Kawassen, dem unbedeutenden Diener. Aber das Leben für Bazna, den Herrn, würde dann erst beginnen. Ich war Millionär!

Ich war unendlich reich, in welcher Währung ich auch rechnen mochte. An diesem kalten, klaren Vorfrühlingstag besaß ich ein Vermögen. Es waren 2,3 Millionen, wenn ich in türkischen Pfund rechnete. Oder 4,6 Millionen Reichsmark! Oder rund 300 000 Pfund Sterling! Es war wie ein Rausch, daran zu denken!

Als ich das ABC betrat, sah ich Moyzisch, der so tat, als ob er mich nicht kannte. Er interessierte mich nicht. Mich interessierte nur das hübsche Mädchen in seiner Begleitung. Ich sah ihr dunkelblondes Haar, ihre langen Beine, ihre unruhigen Augen, wie Frauen sie haben, die voller Gier nach dem Leben sind.

Es war Cornelia Kapp, meine Feindin, von der ich nichts ahnte und die gleichfalls nicht wußte, daß der Mann, der ihr gegenüberstand, der von ihr so fieberhaft verfolgte Spion Cicero war. Moyzisch hatte sich damals verbissen abseits gehalten, während Cornelia und ich heiter plauderten.

Unsere Schatten — der Spion und die Agentin — bekämpften sich seit Wochen, doch als wir einander gegenüberstanden, erkannten wir uns nicht.

Cornelia Kapp hatte zu dieser Stunde fast ihr Ziel erreicht. Sie wußte, daß sich hinter Cicero ein türkischer Angestellter der britischen Botschaft verbarg. In ihrer eigenen Darstellung las ich später:

›Ich wußte nicht, wie Cicero aussah. Einmal war er nachts in Moyzischs Räumen. Ich lauerte vor dem Haus. Ich habe ihn dann gesehen, aus der Entfernung, aber es war ja dunkel. Er lief eilig auf das Gartenhäuschen zu. Er war dann schon längst verschwunden, ehe ich den Platz erreicht hatte . . .‹

Sie hatte Moyzisch belauert. Sie hatte die Kurierpost aus Berlin gelesen. Sie hatte in der Nacht gewartet. Sie hatte den ihr Unbekannten, Cicero genannt, systematisch eingekreist, um ihn zu erledigen. Im ABC hatte sie ahnungslos mit mir geplaudert!

Lächelnd hatte ich ihr nachgeblickt, als sie mit Moyzisch das ABC verließ, und mir vorgenommen, Moyzisch beim nächstenmal zu fragen, wer das hübsche Mädchen gewesen wäre.

»Das Kleid im Fenster«, sagte ich dann zu der Verkäuferin.

Mit dem Geschenk für Esra unter dem Arm war ich in die Halle des Ankara-Palas-Hotels gegangen, hatte mich dort in einen der Sessel gesetzt und die Atmosphäre genossen, die mir als Kawaß nicht zukam. Ich dachte an das hübsche Mädchen vom ABC und an Esra, wie sie sich freuen würde. Ich träumte wieder einmal von dem Luxushotel, das ich in Bursa bauen wollte.

Die unzähligen Spiegel im Ankara-Palas schmeichelten meiner Eitelkeit. Sie spiegelten einen elegant gekleideten Herrn, der es sich leisten konnte, hier müßig zu sitzen und zu träumen. Ich lächelte meinem Spiegelbild zu – da sah ich das Mädchen wieder!

Sie betrat die Halle. Ich sah es im Spiegel. Ich wollte mich erheben, wollte auf sie zugehen.

»Hallo, Madame – ich hatte eben das Vergnügen im ABC . . .«

Aber ich sank in meinen Sessel zurück, starrte in den Spiegel, unfähig, mich zu rühren. Die Frau aus dem ABC war nicht allein. Ein junger Mann war hinter ihr in die Halle gekommen, schritt nun neben ihr her, plaudernd, vertraut. Sie lächelten sich an, gingen an mir vorüber, ohne mich zu bemerken, und verschwanden im Restaurant.

Die Angst überfiel mich mit einem Schlag. Ich wollte mir einreden, daß ich mich getäuscht hatte, daß ich Gespenster sah wie schon einmal vor Wochen. Aber die Angst ließ mich nicht los.

Ich dachte an ein junges, glattes Gesicht. An jene Verfolgungsjagd in Moyzischs Auto. Ich hatte den Verfolger gesehen, sein junges, glattes Gesicht. Ich hatte ihn in Erinnerung seit jener Nacht, da er im Wagen an mir vorübergejagt war. Ich hatte vergessen, an dieses Gesicht und an die Drohung zu denken. Jetzt war die Drohung wieder da und mit ihr die Furcht.

Der Mann, der mit dem Mädchen durch die Halle ging, war der mit dem jungen, glatten Gesicht!

11

›Sears, oder so ähnlich . . .‹

Esra fiel mir um den Hals. Ich stieß sie von mir.

»Laß mich in Ruhe!«

Sie starrte mich entgeistert an, Hilflosigkeit im Blick. »Ich wollte mich bedanken . . .«

»Wofür?«

»Das Kleid – du hast mir das Kleid mitgebracht . . .«

In meinen Gedanken war ich meilenweit von ihr entfernt.

Ich hatte das Kleid längst vergessen. Hatte ich es tatsächlich mit nach Hause gebracht? Wahrscheinlich hatte ich den Karton gedankenlos unter den Flurspiegel gestellt.

»Ist schon gut. Das Kleid ist unwichtig . . .«

Tausend Gedanken drangen auf mich ein, doch ich wurde mit ihnen nicht fertig.

»Ist etwas los? Kann ich dir helfen?«

Esras winzige Stimme drang wie von der Ferne zu mir. Meine Nerven versagten. Ich schrie sie an.

»Was ist los? Du hast doch das Kleid! Was willst du denn noch? Laß mich in Frieden!«

Sie hatte Tränen in den Augen, ein schmales, verschüchtertes Etwas. »Ich wollte dir doch nur helfen«, flüsterte sie.

»Mir kann keiner helfen! Hör auf mit der Heuchelei!« Sie verkroch sich in eine Zimmerecke, hockte sich eingeschüchtert in einen Sessel, starrte mich an, wollte mich begreifen.

»Stier mich nicht so an! Mach, daß du rauskommst!« Die Angst in mir ließ mich vor Wut kochen. Ich hätte Esra für ihre dumme Ahnungslosigkeit schlagen mögen.

»Nur deinetwegen bin ich in den verdammten Laden gegangen!« schrie ich ihr nach, als sie aus dem Zimmer lief. Als wenn es etwas geändert hätte, wenn ich nicht ins ABC gegangen wäre!

Ich erstickte fast in dem Zimmer. Wer war der Mann? Wer war das Mädchen? Ich hatte den Portier im Ankara-Palas gefragt. »Kennen Sie die Frau, die eben hereingekommen ist?«

Er hatte nur die Achseln gezuckt.

»Und den Mann?«

»Der war schon öfters hier. Ein Engländer, glaube ich. Ich glaube, Sears heißt er, oder so ähnlich . . .«

War es nicht egal, wie er hieß? Wenn er ein englischer Agent war, dann hieß er in Wirklichkeit weder Sears oder so ähnlich, sondern ganz anders, und es war gleichgültig, welchen Namen er haben mochte.

Eine Deutsche, mit der Moyzisch einkaufen ging, traf sich mit einem Engländer, und dieser gleiche Mann hatte mich einmal verfolgt. Darauf kam es an!

Ich versuchte, Moyzisch telefonisch zu erreichen. Aber er war nicht auf der Botschaft. Ich konnte meine Angst nicht abladen. Meine Gedanken gingen im Kreis.

Alles war möglich: Das Mädchen war eine deutsche Agentin. Warum nicht? Eine Vertraute von Moyzisch. Vielleicht hatte sie den Auftrag, sich an den Engländer heranzumachen . . . Vielleicht hatte Moyzisch in den letzten Wochen herausbekommen, wer damals unser Verfolger gewesen war. Es wäre möglich! Er hätte es mir nicht zu sagen brauchen. Er sagte mir längst nicht alles!

Oder: Der Engländer hatte sich an das Mädchen herangemacht. Vielleicht war sie eine Freundin von Moyzisch, und der Engländer nahm den Weg über sie, um Moyzisch im Auge zu behalten.

Oder: Der Engländer war mir auf der Spur, hatte gesehen, wie ich mit dem Mädchen im ABC sprach, und war jetzt mit ihr zusammen, um zu erfahren, ob sie mich kenne. Aber dann hätte er es doch einfacher gehabt, mich selbst weiter zu verfolgen!

Oder: War es kein Zufall gewesen, daß die beiden ins Ankara-Palas gekommen waren?

Oder, oder, oder . . . Es waren sinnlose Gedanken, hilflose Überlegungen.

Wieder versuchte ich, Moyzisch zu erreichen. Vergeblich.

Warum hatte ich Angst? Vielleicht täuschte ich mich! Vielleicht bildete ich mir nur ein, in dem Mann meinen Verfolger wiedererkannt zu haben. Ich wollte die Gedanken, die mich quälten, betäuben, aber es gelang mir nicht.

Ich ging in die britische Botschaft, holte das Geld unter dem Teppich hervor, nahm die Kamera mit und kehrte in meinen Bungalow zurück.

Ich lag die ganze Nacht wach. Ich hatte keinerlei Beweise dafür, daß tatsächlich eine Gefahr für mich bestand. Aber tief in mir hatte ich die Gewißheit, daß ich jetzt, vielleicht zum erstenmal, wirklich bedroht war.

Morgens um vier stand ich auf. Ich brauchte mein Geld nicht zu zählen. Ich wußte, wieviel ich besaß. Ich war ein reicher Mann, und ich wollte es bleiben! Ich vernichtete alle Spuren meiner Tätigkeit. Ich zertrümmerte die Leica und warf die Teile in den Incesu Deresi, einen schmalen Fluß. Die Metallstäbe, die ich schon lange nicht mehr als Stativ benützt hatte, gingen den gleichen Weg.

Vor Wochen schon hatte ich einen Banksafe gemietet und das meiste Geld deponiert. Den Rest tat ich in einen Koffer.

Ich weckte Esra. »Stell jetzt keine Fragen. Heute mittag kommst du zur britischen Botschaft. Du bringst diesen Koffer mit. Du wartest zweihundert Meter vor der Botschaft in einem Taxi . . .«

Ich sah ihre verängstigten Augen, aber ich hatte keine Zeit für Erklärungen. »Wir werden mit dem Koffer zur Bank fahren. Vorher wirst du hier alles einpacken, was mir gehört. Du wirst nicht hierher zurückfahren . . .«

»Wo soll ich hin?« Sie versuchte, ruhig zu bleiben, doch sie zitterte am ganzen Leib.

»Du nimmst dir ein Hotelzimmer. Das mit dem Haus hier regle ich. Wir werden dann weitersehen.« Sie schluckte. Ihre Hände klammerten sich an mich. Ich streichelte sie. Ich spürte, daß ich ruhiger geworden war, seitdem ich einen Entschluß gefaßt hatte. »Ich mache Schluß mit allem«, sagte ich. »Es ist nichts passiert. Aber ich will nicht mehr . . .«

Ich ließ sie allein.

Um sieben Uhr war ich in meiner Dienerkammer. Ich schraubte die Hundert-Watt-Birne aus meiner Nachttischlampe, ersetzte sie durch eine schwächere. Ich wolle nichts vergessen haben! Die Hunderterbirne brachte ich in den Heizungskeller und zertrümmerte sie in der Mülltonne. Und wenn sie mich zehnmal im Verdacht hätten – sie würden keinerlei Beweise gegen mich haben! Bei mir war nichts zu finden, was nicht jeder Kawaß besitzen konnte.

Ich ging in die Küche und füllte ein Glas mit Orangensaft. Es war halb acht, Zeit, Sir Hughe zu wecken. Ich fühlte mich unendlich erleichtert. Ein Druck war von mir genommen. Ich hatte das Gefühl, rechtzeitig aufgehört zu haben.

Ich werde noch kurze Zeit arbeiten, dachte ich, ich werde es mir zu einem vollkommenen Genuß gestalten, nichts als ein kleiner Kawaß zu sein, von dem keiner weiß, daß er es gar nicht nötig hat! Dann werde ich kündigen ...

Als er aufstand, beobachtete ich Sir Hughe verstohlen. Sein Gesicht war verdrießlich. Genauso wie immer vor dem morgendlichen Bad. Eine mir vertraute Verdrießlichkeit, die mich beruhigte.

Mein Erscheinen zeigte ihm an, daß das Bad bereit war. Ich brauchte es nicht zu sagen. »Welchen Anzug, Exzellenz?«

Er starrte auf den Kleiderschrank, dessen Türen ich geöffnet hatte, deutete nach kurzer Überlegung auf einen dunkelgrauen Einreiher. Ich beneidete ihn um seine Garderobe. Als er, immer noch stumm, ins Badezimmer ging, sah ich ihm nach. Wieder kam mir zum Bewußtsein, daß ich klein bin, gedrungen, mit einem harten, häßlichen Gesicht versehen. Im Geist sah ich mich in der Halle des Ankara-Palas – in meinem elegantesten Anzug, und mit niederdrückender Deutlichkeit empfand ich, wie billig ich wirken mußte. Zu kurz geraten für die große Welt.

Sir Hughe war ein Herr. Selbst wenn er unrasiert und noch verschlafen im Bad verschwand.

Ich legte ihm den Anzug zurecht. Ich wußte, welches Oberhemd, welche Krawatte, welche Strümpfe dazugehörten. Ich war auf den Geschmack von Sir Hughe dressiert und verwechselte das mit der Fähigkeit, eigenen Geschmack zu besitzen. An diesem Morgen wurde mir das einen Augenblick lang klar. Die Mißgunst war wie ein Gift, das ich nicht aus meinem Körper bekam.

Er kehrte zurück, strahlend vor Frische, in selbstverständlicher, überlegener Gepflegtheit.

Ich tat die gewohnten Handreichungen, der Diener, der kaum bemerkt wird. Am liebsten hätte ich ihm entgegengeschrien, daß ich Cicero war, nur um ihm die entsetzliche Selbstsicherheit zu rauben, um die ich ihn beneidete.

Er war heiter, bereit für den Tag, hatte die Verdrießlichkeit abgewaschen. »Sie haben es gut, daß Sie bei mir sind . . .«

Er lachte trocken auf, als ob ihn ein Gedanke amüsierte.

Ich wußte aus Erfahrung, daß er keine Antwort erwartete. Er wollte nur sprechen. Es war ein Zeichen guter Laune. Leutseligkeit gegenüber einem Mitglied des Personals. »Beim Kollegen von Papen hätten Sie jetzt nichts zu lachen.«

Ich zuckte zusammen, war froh, daß ich hinter seinem Rücken stand. Ich bürstete flüchtig über das Jackett.

»Neulich sind in Istanbul drei Deutsche desertiert . . .«

Es war allgemein bekanntgeworden. In den Botschaften wußte man Bescheid, vom Diplomaten bis zum Pförtner.

Ich erlaubte mir zu murmeln: »Die Ratten verlassen das sinkende Schiff, Exzellenz . . .«

»Und nun hat Kollege von Papen wieder einen Verlust zu beklagen.« Ein leicht süffisanter Ton klang aus seiner Stimme.

Warum war mir plötzlich klar, daß er gleich sagen würde, eine Frau sei aus der deutschen Botschaft verschwunden? Warum konnte ich in diesem Augenblick nur an das Mädchen aus dem ABC denken, an Moyzischs Begleitung?

Ich vermied es, daß Sir Hughe mein Gesicht sah. Ich ging zu einem Wäschefach und holte ein frisches Ziertuch für seine Jacke. Er steckte es sich sorgfältig in die äußere Brusttasche.

»Eine Deutsche ist überfällig«, sagte er fast behaglich. »Im Hause des Herrn von Papen steht alles kopf.« Er war fertig angekleidet. Er betrachtete sein Spiegelbild, nickte mir freundlich zu und begab sich zum Frühstück.

Ich hatte keinen Überblick mehr über die Situation. Ich war krank vor Unsicherheit. Was war denn geschehen? Ich rekapitulierte: Ich hatte Moyzisch im ABC getroffen. Begleitet von einem Mädchen, das hübsch, blond, harmlos ausgesehen hatte. Wir hatten miteinander gelacht. Dann hatte ich diese Frau erneut gesehen; in der Halle des Ankara-Palas. Und dann war jener Mann bei ihr gewesen, der für mich ein Schreckgespenst war, der Mann mit dem jungen, glatten Gesicht. Ich hätte nicht schwören können, daß es wirklich das Gesicht des Verfolgers während der Autojagd gewesen war, und doch, wenn ich meinen Augen noch trauen konnte, gab es für mich darüber keinen Zweifel. Und jetzt erwähnte Sir Hughe in beiläufiger Schadenfreude, daß eine Deutsche aus der Botschaft verschwunden sei. Warum brachte ich so zwangsläufig das Mädchen aus dem ABC mit der angeblich Verschwundenen in Verbindung? Vielleicht bestanden überhaupt keine Zusammenhänge! Vielleicht war alles nur Ausgeburt meiner überreizten Fantasie!

Seit jener Nacht, in der ich jede Spur vernichtet hatte, daß Cicero und ich ein und dieselbe Person waren, hatte sich nichts ereignet. Eine Woche war vergangen, Ostern 1944. Aber gerade diese Ereignislosigkeit erschien mir unnatürlich, zerrte an meinen Nerven.

Ich hatte dem Vermieter des Häuschens gekündigt, dem ich in einer Mischung von Ironie und Stolz den Namen ›Villa Cicero‹ gegeben hatte. Esra, meine Geliebte, war in einem kleinen Zimmer in der Altstadt untergebracht. Zwei meiner Koffer – die mit den maßgeschneiderten Anzügen, der erstklassigen Wäsche und den eleganten Schuhen – waren bei ihr. Mein Geld hatte ich sicher in einem Banksafe. Die zerstörte Leica, die Metallstäbe meines ›Stativs‹ ruhten irgendwo im Fluß. Hatte ich nur aus einer Panikstimmung heraus gehandelt? Bestand in Wirklichkeit gar kein Grund zu Befürchtungen? Hatte ich zu früh aufgegeben?

Sir Hughe war freundlich und gleichgültig wie eh und je – der Herr, der von der Welt seines Dieners meilenweit entfernt ist. Manchmal glaubte ich zu bemerken, daß mich Lady Mary, deren Wachheit ich stets gefürchtet hatte, scharf beobachtete.

Aber ich versicherte mir selbst, daß ich es mir nur einredete. Wenn irgend etwas ungewöhnlich war, dann eigentlich nur die Tatsache, daß ich Moyzisch nicht erreichen konnte. Ich hatte es immer wieder versucht. Aber vielleicht war er auf einer Dienstreise in Berlin. Das war schon einmal vor Monaten der Fall gewesen. Er hätte keine Veranlassung gehabt, mich vorher zu informieren. Damit hatte ich mich abzufinden. Während Sir Hughe frühstückte, ging ich in die Küche. Auf einmal hatte ich unendlich viel Zeit. Monatelang hatte ich als Doppelwesen gelebt, als Kawaß und als Spion. Jetzt kam es mir vor, als müßte ich jedem verdächtig erscheinen, weil ich ständig im Haus herumlungerte, ohne richtig beschäftigt zu sein. Manoli Filoti, der Koch, war froh, einen Gesprächspartner zu finden. Er war stets bereit, den neuesten Klatsch weiterzutragen.

»Bei den Deutschen ist wieder eine Frau desertiert«, erzählte er mit wichtigem Gesicht. Dabei war es durchaus nicht ungewöhnlich, daß das Botschaftspersonal um solche Dinge wußte. In jeder Botschaft, ob bei Freund oder Feind, waren einheimische Angestellte beschäftigt. Auf ihrer Ebene vollzog sich ein reger Handelsverkehr. Die türkischen Angestellten der deutschen Botschaft besorgten von den türkischen Angestellten der amerikanischen oder britischen oder sowjetischen Botschaft Whisky oder Wodka und lieferten als Gegenleistung Rheinwein oder Mosel. Die Damen und Herren der Botschaften tranken den Wein oder den Whisky oder den Wodka, konnten sich denken, aus welcher Quelle er kam, aber man fragte nicht. Und der Klatsch, das Gerede, die neuesten Gerüchte nahmen den gleichen Weg wie der Whisky, der Wein und der Wodka.

»Ich habe es auch schon gehört«, murmelte ich.

»Weißt du, wer es ist?« fragte Manoli.

Ich schüttelte den Kopf.

Er lächelte befriedigt, mir etwas Neues sagen zu können.

»Es ist eine Sekretärin. Sie heißt Cornelia Kapp ...« Es war das erstemal, daß ich den Namen meiner Feindin hörte. Aber noch sagte mir der Name nichts. Er mußte nicht zu dem Mädchen aus dem ABC gehören, das mit einem Mann vertraut war, dessen Gesicht ich fürchtete. Und doch fühlte ich im Unterbewußtsein Zusammenhänge, die Gefahr bedeuteten. Am Nachmittag servierte ich Tee im Arbeitszimmer Sir Hughes. Mr. Busk, sein Erster Sekretär, war bei ihm.

Als ich eintrat, das Tablett in den Händen, hörte ich gerade noch einen Satz ihres Gesprächs.

»... nach Kairo geflogen. Sie wird nach allen Regeln der Kunst verhört ...«

Es war Mr. Busk, der es berichtete. Er schwieg, als ich erschien. Stumm stellte ich die Gedecke hin, goß ein, schob die Schale mit dem Gebäck zurecht und ging wieder.

Meine Gedanken wirbelten durcheinander. Es war ein Satz, der in der Luft hing, der nichts bedeuten mußte. Und doch, er paßte in das Bild meiner Ängste. Ich fühlte die Gefahr, als könnte ich sie greifen. Cornelia Kapp ist das Mädchen aus dem ABC. Sie ist es, die mit Moyzisch zu tun hat! Sie kann wissen, daß Cicero der Kammerdiener des britischen Botschafters ist! Sie ist es, die in Kairo nach allen Regeln der Kunst verhört wird! Ich hatte keine Zweifel mehr. Ich war sicher, daß ich mir alle Zusammenhänge nicht nur einbildete! Ich besaß die überempfindlichen Sinne desjenigen, der auf Leben und Tod gejagt wird.

Und dann sah ich den Mann mit dem jungen, glatten Gesicht.

Er stand in der Ahmet-Agaoglu-Straße. Auf diese Straße führt der Personal- und Lieferanteneingang der britischen Botschaft. Bedeutete das, daß man schon wußte, Cicero sei in der britischen Botschaft beschäftigt und gehöre einem Stand an, der die Hintertür benützen mußte? Der Portier im Ankara-Palas hatte gesagt, der Mann hieße Sears, oder so ähnlich. Sein Name konnte mir gleichgültig sein. Ich erfuhr den richtigen Namen nie, auch später nicht. Für mich blieb er ›Sears, oder so ähnlich‹.

Ich wußte nicht, wie lange dieser Sears schon wartete. Von dem Augenblick an, da ich ihn zufällig bemerkte, blieb er noch über eine Stunde dort. Dann verließ er seinen Platz, schlenderte langsam, wie in Nachdenken versunken, die Straße hinunter, der City zu.

Ich zog hastig meinen Mantel an, verließ das Haus, eilte ihm nach, bis ich ihn vor mir sah. Dann blieb ich in sicherer Entfernung hinter ihm. Es war mir egal, was Sir Hughe denken mochte, wenn er mich ausgerechnet jetzt brauchen sollte und mich vermißte. Sears ging wie einer, der sich in der aufkommenden Abenddämmerung etwas Bewegung an frischer Luft verschaffen will. Er hatte es nicht eilig und schaute sich nie um.

Erst am Atatürk Bulvar nahm er ein Taxi. Als der Wagen anfuhr, verfiel ich in Laufschritt. Atemlos erreichte ich das nächste Taxi am Stand.

»Fahr dem nach!« Ich steckte dem Chauffeur einen Schein zu, der ihn rasch gehorchen ließ.

Diesmal war ich im Wagen hinter Sears, nicht umgekehrt wie damals, als er Moyzisch und mich durch die Nacht gejagt hatte. Aber es wurde eine gemächliche Fahrt. Er wußte nicht, daß diesmal er es war, der einen Verfolger abzuschütteln hatte.

Wir bogen in die Marmara Sokagi ein. Dann hielt Sears' Wagen in einer Nebenstraße vor einem Apartmenthaus.

»Fahr vorbei!«

Ich sah, wie er seinen Fahrer entlohnte, ausstieg, in das Haus ging.

»Halt! Warte an der nächsten Ecke . . .«

Ich stieg aus. Ich riskierte es, von Sears bemerkt zu werden. Was hatte ich zu verlieren? Wenn er mich schon kannte, war es sowieso gleichgültig. Wenn nicht, würde ich ihm nicht auffallen.

Ich betrat das Haus, las die Namensschilder an den Türen. Viele Ausländer wohnten hier. Es war ein modernes Wohngebäude, wie es Botschaftsangestellte und Geschäftsleute bevorzugten. Den Namen Sears entdeckte ich nirgendwo. Aber es gab genug Namen, die erkennen ließen, daß ihre Träger Engländer oder Amerikaner sein mußten.

Ich hatte gesehen, daß Sears einen Schlüsselbund in der Hand hatte, als er das Haus betrat. Also wohnte er hier.

Es war nun offenbar so, daß er wußte, wo ich zu suchen war, und ich, wo ich ihn finden konnte.

Ich ließ mich in die Nähe der Botschaft zurückfahren. Niemand hatte mich in der Zwischenzeit vermißt.

In jeder freien Stunde beobachtete ich das Haus. Tagelang. Aber Sears, oder wie er heißen mochte, erschien nicht mehr. Ich hatte Zeit für meine Gedanken. Ich errechnete meine Chancen. Was konnte Cornelia Kapp wissen? Was konnte sie den Engländern in Kairo verraten? Sie konnte vielleicht sagen, daß Cicero mit dem Kammerdiener von Sir Hughe identisch wäre! Aber das wäre nur eine Behauptung, kein Beweis. Was würden die Engländer tun? Sie konnten meine Kammer durchsuchen. Dort war nichts mehr zu finden; alles, was mich verdächtig machen konnte, war beseitigt. Selbst die Hundert-Watt-Birne hatte ich zerschlagen. Man konnte mich beobachten – aber ich war sicher, daß vorläufig noch nichts dergleichen geschah. Hätte ich es nicht bemerken müssen? Ich ging doch täglich in die Nebenstraße des Marmara Sokagi und richtete es so ein, daß ich einen Verfolger bemerken hätte müssen. Nichts! Niemand!

Ich mußte nur durchhalten, dann würde jeder Verdacht gegen mich im Sand verlaufen. Es war eine Nervenfrage!

Um in naher Zukunft ungestört als reicher Mann leben zu können, mußte ich noch einmal, ein letztes Mal, die Nerven behalten.

Da kam Sears!

Er kam von der Tuna Caddesi her mit einer Frau. Sie hatte schwarzes, kurzgeschnittenes Haar, trug eine englische Uniform, die Uniform der Wrens, des Women's Royal Naval Service, offenbar also eine Angehörige der weiblichen Hilfskräfte der britischen Kriegsmarine.

Ich stand in einem Hauseingang, achtete auf Sears, nicht auf die Frau. Erst als sie in das Haus gingen, alarmierten mich meine Nerven.

Ich hatte Cornelia Kapp im ABC nachgeblickt, als sie mit Moyzisch, und dann im Ankara-Palas, als sie mit Sears an mir vorbeigegangen war. Cornelia Kapp hatte blondes, langes Haar. Diese Frau hier trug eine kurze Frisur, war schwarzhaarig. Aber der Gang, die Haltung, die Art, neben Sears zu gehen, vertraut mit ihm zu sprechen, verrieten mir den Täuschungsversuch. Diese Frau in der britischen Uniform war Cornelia Kapp!

Am nächsten Tag erreichte ich endlich Moyzisch. Wir trafen

uns noch am gleichen Abend. Ich nahm meinen alten Weg durch den Garten der Botschaft, am Gärtnerhäuschen vorbei. Moyzisch erwartete mich am Eingang des Gebäudes, in dem sich sein Büro befand. Wir waren allein. Es war eine Stunde vor Mitternacht.

Er sah aus, als wäre er krank. Nichts von seiner sonstigen Lebhaftigkeit. Sein Gesicht zuckte nervös.

»Sie waren tagelang nicht in Ankara?«

»Ich war dienstlich verreist . . .«

Der Satz sollte gleichgültig klingen. Er konnte seine Unruhe aber nicht verbergen.

»Ich werde nicht mehr länger für Sie arbeiten«, sagte ich langsam.

Er murmelte: »Sie werden Ihre Gründe haben . . .« Er sah mich dabei ausdruckslos an.

Ich sagte: »Ich habe Sie zufällig im ABC getroffen. Eine Frau war bei Ihnen – was weiß sie über mich?« Er schwieg. Seine Augen hielten sich an mir fest.

»Kann sie mir gefährlich werden?«

Er tauchte aus seinen Gedanken auf. Seine Stimme war heiser, als er antwortete. »Sie kann nichts wissen . . .«

Ich sah ihn hart an. »Ich weiß Bescheid! Sie ist desertiert, nicht wahr? Sie heißt Cornelia Kapp . . .«

Er rührte sich nicht. Sein Gesicht war zu einer Maske erstarrt.

»Was wissen Sie?« fragte er tonlos.

»Ist Cornelia Kapp desertiert oder nicht?«

»Sie ist verschwunden. Wir wissen nicht, wo sie ist . . .« Er sagte es schwerfällig, fast widerwillig. Es war eine Blamage für ihn, und es fiel ihm nicht leicht, sie vor mir eingestehen zu müssen.

»Sie war Ihre Sekretärin . . .«

Er nickte.

»Die Frau, mit der ich oft telefoniert habe!«

Er widersprach nicht. »Was wissen Sie?« fragte er schließlich.

Ich antwortete: »Sie ist bei den Engländern. Ich kann Ihnen das Haus zeigen, in dem Sie sie finden können . . .«

Er blieb starr sitzen. Dann lachte er auf. Es war ein nervöses, bitteres Lachen. »Soll ich sie kidnappen? Wir sind in einem neutralen Land! Und wenn ich ihr auf der Straße begegne – soll ich sie an den Haaren hierherschleifen?« Moyzisch war sehr erregt.

Ich verzog keine Miene, sondern sagte spöttisch: »Sie ist nicht mehr blond. Sie ist schwarz. Und ihr Haar ist zu kurz, um sie daran herzuschleifen. Was weiß sie über Cicero?«

Seine Hände krampften sich zusammen. »Sie kann nichts wissen . . .« Das hatte er schon einmal gesagt. Es verriet mir seine Unsicherheit.

Leise fügte er hinzu: »Sie weiß, daß es einen Vorgang Cicero gibt. Mehr nicht.«

»Hoffentlich«, sagte ich, aber ich war nicht überzeugt. »Ich kann Ihnen die Adresse geben, wo sie ist.« Ich beschrieb ihm das Apartmenthaus nahe der Marmara Sokagi und sagte: »Ich bin sicher, daß sie dort bei dem jungen Mann ist, der uns einmal verfolgt hat. Es sieht aus, als wäre er mehr als bloß ein guter Freund . . .«

Er hatte nichts dazu zu sagen. Wir schwiegen, bis das Schweigen unerträglich geworden war.

»Ich bekomme noch Geld von Ihnen«, sagte ich.

Er stand langsam auf, als würde es ihn große Anstrengung kosten, holte ein Bündel Scheine aus seinem Schrank und gab sie mir. »Zufrieden?«

Ich nahm das Bündel und ging, ohne es nachzuzählen, zur Tür. »Wir werden uns nicht mehr sehen«, sagte ich. Er nahm es stumm zur Kenntnis.

Ich sah ihn an. Er nagte an seiner Unterlippe. Er würde es nicht leicht haben, in Berlin Rechenschaft über Cornelia Kapp abzulegen.

»Au revoir, Monsieur«, verabschiedete ich mich.

Ich war zum letztenmal in der deutschen Botschaft gewesen.

12

›Cicero‹ existiert nicht mehr

Was war geschehen, seitdem ich Moyzisch mit Cornelia Kapp im ABC getroffen hatte? Tausend Fragen darüber, was damals vorgegangen sein mochte, beherrschten mich jahrelang. Jetzt erst bekam ich die Antworten. Sie spulten von dem Tonband ab, auf dem Seiler seine Erklärungen abgab, soweit er sich überhaupt erklären konnte, was sich damals zugetragen hatte.

Ich hörte dem Tonband zu, um mehr über Cornelia zu erfahren.

»Wann ist Cornelia verschwunden?«

Ich hörte Seiler antworten: »Am 6. April 1944.«

»Das war zu Ostern?«

»Es war am Gründonnerstag. Sie wollte auf Urlaub zu ihrem Vater nach Budapest . . .«

»Das hat sie behauptet!«

»Ja. Wir wußten ja nicht, daß es gelogen war. Ich habe noch zu Moyzisch gesagt, daß er sie ja nun heute abend los wird. Er war mit ihr doch so unzufrieden. Er hat noch gelacht und gemeint, er wolle aber sehen, ob sie in den Zug steigt.«

»Er wollte das kontrollieren?«

»Nein. Es war mehr ein Scherz. Er wollte nett zu ihr sein, damit sie nicht merkte, daß er sie eigentlich abschob. Er hat ihr die Fahrkarte besorgt . . .«

»Und?«

»Der Zug ging abends so gegen sechs. Moyzisch hatte sich mit ihr am Bahnsteig verabredet. Wollte ihr die Fahrkarte geben, ihr gute Fahrt wünschen. Er war völlig mit den Nerven fertig, als sie nicht erschien.«

»Hat er gleich den Verdacht gehabt, sie könnte, wie schon die drei anderen Deutschen vorher, ebenfalls desertiert sein?«

»Das glaube ich nicht. Er hat gedacht, ihr sei etwas passiert.

Oder sie sei krank. Sie war ja immer so hysterisch und hat sich oft krank gemeldet . . .«

»Um ihren Liebhaber in Ruhe zu treffen! Diesen Sears, oder wie er sich sonst genannt haben mag!«

»Keine Ahnung. Vielleicht . . .«

»Sears, der in Wirklichkeit ein Amerikaner war und kein Engländer, wie damals alle geglaubt haben!«

»Von alledem weiß ich nichts.«

»Cornelia hat inzwischen selbst zugegeben, daß sie alles aus Liebe getan hat. Sie hat damals in Ankara ihren Jugendfreund aus Cleveland wiedergetroffen. Ihre große Liebe, wie sie ihn nennt. Das kann nur der Mann gewesen sein, von dem es heißt, das Auffällige an ihm sei sein junges, glattes Gesicht gewesen.«

»Ich sage ja, davon weiß ich nichts. Ich weiß nicht, warum sie für die andere Seite gearbeitet hat. Vielleicht hat sie es für Geld getan, vielleicht aus Liebe, ich habe keine Ahnung. Das kann nur Cornelia selbst wissen.«

»Wie Sie wollen – Moyzisch hat also nicht gleich Verdacht geschöpft?«

»Er ist auf dem Bahnsteig herumgelaufen, hat sie wie eine Stecknadel gesucht. Dann ist er zu mir gekommen. Wir sind dann zusammen in Cornelias Wohnung gefahren.«

»Da war sie natürlich auch nicht mehr.«

»Wir wußten dann gleich Bescheid. Sie hatte alles gepackt. Im Haus hat uns jemand gesagt, sie wäre schon am Nachmittag weg. In der Wohnung war nichts mehr, was ihr gehört hat.«

»Es sah also nach Flucht aus, nicht nach einer Urlaubsreise zum Herrn Papa!«

»Von diesem Augenblick an haben wir das Schlimmste angenommen.«

»Daß sie übergelaufen ist?«

»Ja.«

»Was haben Sie unternommen?«

»Mich ging es dienstlich ja nichts an. Das war Moyzischs Sache.«

»Was hat also Moyzisch unternommen?«

»Er hat es Herrn von Papen gemeldet. Was blieb ihm denn

anderes übrig? Zuerst dachten wir, sie hätte sich etwas angetan.«

»War sie der Typ der Selbstmordkandidatin?«

»Es war ihr zuzutrauen. Sie war doch Spezialistin für Zusammenbrüche. Wir haben uns lange geweigert, wirklich daran zu glauben, daß sie desertiert ist. Für Moyzisch konnte das unangenehme Folgen haben . . .«

»Das läßt sich denken. Er hat es nicht gleich nach Berlin gemeldet?«

»Doch. Sofort. Er mußte es tun, um sich nicht selbst verdächtig zu machen. Berlin hat uns mit Anfragen bombardiert. Berlin hat keinen Augenblick an Unfall oder Selbstmord gedacht. Die haben sofort Desertation vermutet. Wir im Grunde genommen ja auch. Kaltenbrunner hat Moyzisch dann nach Berlin beordert. Sofort erscheinen zur Berichterstattung! Moyzisch hatte die schlimmsten Befürchtungen . . .«

»Daß man ihn einsperrt, weil er nicht aufgepaßt hat?«

»Es war mit allem zu rechnen. Er ist nach Istanbul gefahren, wollte mit dem Kurierflugzeug weiter. Aber dann hat ihn ein Freund gewarnt.«

»Was für ein Freund?«

»Ein Freund im Auswärtigen Amt in Berlin. Er hat ihm den Wink gegeben, besser nicht zu kommen, Krankheit vorzuschützen oder so was. Sie hätten ihn in Berlin wegen Beihilfe zur Flucht Cornelias verhaftet. Sie hätten schon Gründe gefunden, um ihre Wut wenigstens an einem auszulassen.«

»Moyzisch ist nicht nach Berlin geflogen?«

»Er ist nach Ankara zurückgekommen. Er war ziemlich erledigt. Dann ist Cicero noch einmal gekommen und hat ihm gesagt, Cornelia wäre bei den Engländern. Da hatten wir ja nun Gewißheit . . .«

Das Tonband war zu Ende. Ich wußte nun, was in Moyzisch vorgegangen sein mußte, als ich ihn zum letztenmal sah. Er hatte die Verantwortung für Cornelia Kapp gehabt. Durch ihre Flucht war er in höchste Gefahr gekommen.

Ich las auch Cornelias eigene Aussage. Ich las die Berichte, die ich aus San Diego, Kalifornien, erhalten hatte. Cornelia Kapp sagte: »Die Gefahr war zu groß geworden. Ich konnte nicht länger damit rechnen, weiter für die Amerikaner arbeiten zu können, ohne entdeckt zu werden. Die Amerikaner hatten mir für alle Fälle Gift gegeben. Hätte man mich verhaftet, so wäre es nicht mehr zu einem Todesurteil gekommen. Ich wäre dem Henker nicht in die Hände gefallen. Ich hatte den Amerikanern den deutschen diplomatischen Geheimcode geliefert und Abschriften von Geheimdokumenten hergestellt, die ich fast täglich zu meinem Kontaktmann brachte. Über Cicero wußte ich alles, was zu erfahren nur möglich gewesen war. Daß er ein Angestellter der britischen Botschaft sein mußte ... Ich wollte mich nicht länger in Gefahr bringen. Ich war überzeugt, daß meine Angaben genügen müßten, um herauszufinden, welcher der Diener der wirkliche Cicero sein mußte. Wir nutzten die Osterfeiertage aus. Im Auftrag der Amerikaner reichte ich um Urlaub ein, sagte, daß ich meine Eltern besuchen wollte. Als Fluchttermin wurde der 6. April festgelegt. Moyzisch wartete am Bahnsteig vergeblich auf mich. Ich habe schon am Nachmittag in aller Ruhe meine Wohnung verlassen, mit allem Gepäck, und bin zu dem Mann gefahren, den ich schon seit Cleveland kannte und der jetzt für den amerikanischen OSS arbeitete. Ich habe für meine Tätigkeit niemals Geld bekommen. Der Grund ist in meiner Beziehung zu dem jungen Amerikaner zu suchen, den ich in Ankara als Agenten wiedertraf. Der Hauptgrund aber war mein Wunsch, nach Amerika zurückkehren zu können. Und dieser Preis ist mir als Lohn für meine Spionagetätigkeit versprochen worden. Bis zu diesem Augenblick hatten die Engländer keine Ahnung von der Existenz eines ›Cicero‹. Der amerikanische Geheimdienst wollte seine britischen Kollegen vor vollendete Tatsachen stellen. Ich wurde nach Kairo geflogen und den Engländern präsentiert. Dort haben die Engländer zum erstenmal den Namen ›Cicero‹ gehört. Von den Amerikanern, die mich als Beweis vorzeigten! Die Engländer haben sich mit steifen Gesichtern alles angehört. Ich habe keine Ahnung, ob sie mir geglaubt haben. Für sie war es ja eine Panne. Sie wären zu stolz gewesen, um das zuzugeben. Die Engländer bagatellisieren das alles ja heute noch, um das Gesicht nicht zu verlieren.

Dann wurde ich wieder nach Ankara zurückgeflogen. Man veränderte mein Äußeres völlig. Meine Haare wurden kurz geschnitten und schwarz gefärbt, und ich wurde in eine englische Wrens-Uniform gesteckt. Ich hätte mich selbst nicht wiedererkannt . . .«

Jetzt wußte ich es. Damals aber, als das alles geschah, lebte ich im ungewissen. Damals gab es weder erklärende Tonbänder noch Berichte aus Kalifornien. Ich blieb weiter der Kawaß Seiner Exzellenz, des britischen Botschafters, jede Stunde gewärtig, verhaftet zu werden.

Nichts geschah, nichts, was mir einen Fingerzeig gegeben hätte, ob sie bereits ahnten, wer ›Cicero‹ war. In der Botschaft nahm der gewohnte Alltag seinen Lauf. Bildete ich mir nur ein, daß Sir Hughe verschlossener wirkte? Es schien mir, als wäre sein Verhalten auch zu Mustafa, zu Manoli Filoti und zu dem Butler Zeki anders als bisher. Hatte er uns alle im Verdacht? Wußte er nur noch nicht, welcher von uns der Verräter war?

Die Angst saß mir im Genick. Manchmal wurde der Druck so unerträglich, daß ich Schluß machen wollte mit allen Überlegungen, allen Zweifeln und Befürchtungen, die mich quälten. Jede Nacht in meiner Dienerkammer war ich soweit, fliehen zu wollen, und jede Nacht bezwang ich erneut die nackte Furcht, denn meine Flucht hätte ihnen die letzte Erkenntnis vermittelt – sofern sie sie noch nicht besaßen . . .

Ich wartete auf die Erlösung, die nicht kommen wollte. Ich spürte auch die Veränderungen, die um mich herum vorgingen. Öfter als sonst erschienen jetzt Amerikaner auf der Botschaft. Ich sah sie kommen. Hinter verschlossenen Türen wurde debattiert, dann gingen sie wieder. Was mochten ihre häufigen Besuche bedeuten? Wer waren sie? Diplomaten? Agenten? Ich brannte vor Neugier und Sorge.

Auch zwischen den Türken und den Briten entstand neue Aktivität. Monatelang war man zueinander kühl und reserviert gewesen, jetzt belebten sich die Beziehungen wieder. Am 6. April war Cornelia Kapp aus der deutschen Botschaft verschwunden, und fast gleichzeitig hatte ich aufgehört, als ›Cicero‹ tätig zu sein, und alle Spuren beseitigt.

War es nicht seltsam, daß es gerade von diesem Zeitpunkt an zu einer Entfremdung zwischen der türkischen Regierung und der deutschen Botschaft kam, während sich Briten und Türken wieder einander annäherten? Was mochte hinter den Kulissen vorgegangen sein?

Meine von tausenderlei Befürchtungen genährte Fantasie gaukelte mir Zusammenhänge vor. Der Drang, mir Gewißheit zu verschaffen, wurde nahezu übermächtig. Sollte ich erneut versuchen, mir Einblick in Dokumente zu verschaffen? Warum sollte es nicht noch einmal gelingen? Ich dachte nicht daran, es für die Deutschen zu tun. Nur zu meiner eigenen Beruhigung, zu meiner eigenen Sicherheit wollte ich noch einmal in Akten, Telegrammen und Memoranden schnüffeln.

Aber ich wagte es nicht mehr!

Monatelang hatte ich gewußt, was hinter den Kulissen vorging. Jetzt spürte ich, daß sich geheimnisvolle Dinge begaben, und ich bezwang mich gewaltsam, den Dingen nicht auf den Grund zu gehen. Manchmal glaubte ich deutlich wahrzunehmen, wie Fallen aufgestellt wurden, in denen sich jener selbst fangen sollte, der ›Cicero‹ war. Dann wieder war es, als hätte ich mir freiwillig die Augen verbunden, nur um den Abgrund nicht zu sehen, auf den ich zuschritt.

Ich wußte weder, was vorging, noch was ich tun sollte. Ich erkannte, daß ich nicht mehr den Instinkt besaß, der mich bisher immer geleitet hatte.

Ich war hilflos geworden. Ich mußte warten ...

Deutschland war stets der größte Käufer von türkischem Chrom gewesen. Im Krieg war die Türkei sogar der einzige Lieferant geblieben, hatte weiter das für die Rüstung so wichtige Chrom an die Deutschen verkauft, trotz vieler Versuche der Alliierten, diesen Handel zu unterbinden.

Jetzt häuften sich plötzlich wieder die Besuche Mr. Busks bei den zuständigen türkischen Ministerien, und hohe Beamte des türkischen Außen- wie auch des Handelsministeriums ließen sich ihrerseits bei Sir Hughe melden.

Und dann, am 20. April, stoppten die Türken plötzlich den Export von Chrom nach Deutschland!

Ein schwerer Schlag für die deutsche Rüstung, eine Schlappe für Herrn von Papen, ein Triumph für Sir Hughe, der seine Zufriedenheit nicht verbergen konnte.

Er strahlte, als ich ihm an diesem Tag in seine Diplomatenuniform half, die er anzog, um – nach vielen Wochen zum erstenmal wieder – einen Besuch beim türkischen Ministerpräsidenten zu machen.

Das Blatt hatte sich endgültig gewendet. Die türkische Neutralität stand nicht mehr auf sicheren Füßen.

Wenn die Regierung, deren Untertan ich war, nunmehr voll auf den britischen Kurs einschwenkte, wurde auch für mich die Gefahr größer. Bisher hatte ich als türkischer Staatsbürger vor allem eine illegale Rache des britischen Geheimdienstes gefürchtet, wenn er mir auf die Spur gekommen wäre. Jetzt mochte es geschehen, daß man von den Türken ganz offiziell meine Bestrafung forderte!

Ich war ein unbedeutendes Nichts, mit dem sich meine Regierung nicht lange aufgehalten hätte, wenn ich mich als Belastung für die hohe türkisch-britische Politik erweisen sollte.

Ich konnte nicht länger abwarten, ob die Suche nach ›Cicero‹ eines Tages im Sande verlaufen würde. Ich mußte die Botschaft verlassen, bevor es zu spät war. Zu fliehen war ausgeschlossen. Ich mußte es wagen, den simpelsten Weg zu gehen: zu kündigen – selbst wenn sich dadurch der Verdacht endgültig auf mich konzentrieren sollte.

Ich zögerte, das entscheidende Wort zu sprechen. Warteten sie vielleicht nur darauf? Würden sie mich daran hindern, die Botschaft zu verlassen?

Ich fühlte, wie meine Hände zitterten, als ich Sir Hughe den Diplomatenfrack reichte. In der prächtigen Uniform wirkte er wie die Verkörperung einer Macht, gegen die ich hilflos war.

»Exzellenz, dürfte ich eine Bitte aussprechen . . .«

Es fiel mir schwer, die Worte beiläufig klingen zu lassen. Schweißperlen bildeten sich auf meiner Stirn.

»Was ist?«

Er war auf dem Weg zum Ministerpräsidenten – er hatte keine Zeit für seinen Kawassen.

»Meine Frau lebt in Istanbul, meine Kinder . . .«

Ich stockte. Was ich sagte, klang unecht, wenig überzeugend. Mir schoß durch den Kopf, daß ich mich seit Monaten nicht um Frau und Kinder gekümmert hatte. Jeden Gedanken an meine Familie hatte ich als störend aus meinem Gehirn verbannt. Meine Frau bedeutete mir längst nichts mehr. Aber jetzt benützte ich sie und die Kinder als Argument . . .

»Reden Sie schon«, sagte Sir Hughe ungeduldig. Er warf mir einen Blick zu, kühl, gleichgültig. Spielte er die Gleichgültigkeit nur?

»Exzellenz, ich möchte um meine Entlassung bitten. Ich kann eine Stellung in Istanbul finden. Meine Familie . . .« Ich sprach den Satz nicht zu Ende und wagte auch nicht, Sir Hughe anzusehen. Ich holte seinen Zweispitz, der zur Uniform gehörte.

»Sie wollen kündigen?«

Ich glaubte, ein kurzes Zögern zu spüren. Kam es mir nur so vor, als wären seine Augen plötzlich durchdringend auf mich gerichtet?

»Exzellenz, ich komme mit meinen persönlichen Angelegenheiten wohl ungelegen . . .«

Ich geriet ins Stottern. Meine Hände waren schweißnaß. Es war, als müßte ich unter seinen Augen eine letzte Prüfung bestehen, bevor ich gerettet wäre.

Er wandte sich halb ab.

»Geben Sie her.«

Ich verstand nicht, was er meinte. Ich war unaufmerksam. Er trat einen Schritt auf mich zu, nahm mir den Zweispitz, den ich umklammert hielt, aus der Hand.

»Pardon, Exzellenz«, murmelte ich. Hatte mich mein seltsames Benehmen nicht längst verraten?

Er sah auf den Zweispitz in seinen Händen. »Sie müssen wissen, was Ihre Absichten sind«, sagte er langsam. »Selbstverständlich stelle ich Ihrem Weggang nichts in den Weg . . .« Seine Stimme klang klar und beherrscht. »Regeln Sie das mit Zeki«, setzte er hinzu.

Es war, als hätte er plötzlich jedes Interesse an mir verloren. Er verwies mich an den Butler, der für Personalfragen zuständig war.

»Ich danke, Exzellenz«, brachte ich mühsam hervor. Ich holte mein Taschentuch aus der Hosentasche, hielt es in der geballten Faust und wischte mir, als er einen Augenblick wegsah, die Hände trocken.

Er starrte sekundenlang aus dem Fenster. Dann ging er auf die Tür zu. »Ja – besprechen Sie alles mit Zeki«, sagte er noch einmal.

Ich eilte an ihm vorbei, hielt ihm die Tür auf, das Taschentuch noch immer in der Hand. »Sehr wohl, Exzellenz«, dankte ich hastig.

Ich war froh, daß er ging.

Ich trat hinaus auf den Flur und blickte ihm nach.

Mustafa kam den Gang entlang. Er grinste.

»Groß in Gala«, sagte er und machte eine Kopfbewegung hinter Sir Hughe her. Dann starrte er mich an: »Ist dir nicht gut?«

»Ich fühle mich nicht wohl«, murmelte ich, während ich mir die Stirn mit dem Taschentuch wischte. Etwas fiel aus dem Tuch zu Boden – ein flacher Schlüssel.

Mustafa grinste wieder. »Du hast was verloren. Den Schlüssel zu Esras Wohnung?«

Ich spürte das tödliche Erschrecken.

Schon in Sir Hughes Gegenwart hatte ich das Taschentuch in den Händen gehabt. Wenn mir der Schlüssel vor seinen Augen heruntergefallen wäre – er hätte ihn sofort erkannt, und die Suche nach ›Cicero‹ wäre zu Ende gewesen: Es war der Nachschlüssel zu seiner schwarzen Kassette!

Ich hatte geglaubt, alle Beweise vernichtet zu haben, die gegen mich sprechen konnten. Die beiden Nachschlüssel, die ich besaß, hatte ich vergessen.

Hastig hob ich den Schlüssel auf, den ich, ohne es zu merken, mit dem Tuch aus der Tasche gezogen hatte. »Ja, Esras Schlüssel ...«, sagte ich heiser und bemühte mich, ein Lächeln zustande zu bringen.

Wie lange würde mir das geduldige Glück noch zur Seite stehen?

Ich hatte im Leben viele Chancen verspielt. Ich wollte, daß mir die letzte bliebe – die, als reicher Mann zu leben.

Manchmal fragte ich mich, was andere von mir halten mochten. Sir Hughe zum Beispiel. Ob er sich überhaupt Gedanken über mich machte? War ich für ihn vielleicht eine obskure Erscheinung?

Oder Mr. Busk, für den ich einmal meinen Lebenslauf niederschreiben mußte: ›... geboren am 28. Juli 1904 in Pristina ...‹ Was besagte das schon!

Wahrscheinlich war ich für sie nur ein *native*, ein ›Eingeborener‹, irgendwoher vom Balkan stammend. Pristina? Nie gehört?!

Und wenn sie mich jetzt im Verdacht haben mochten, dann war ich eben ein schäbiges Subjekt, das für Geld alles tat. Hatten sie von ihrem Standpunkt aus nicht recht?

Ich hatte keine Verbindung zu der Familie, aus der ich stammte. Ich hatte mich seit jeher abseits von ihr gehalten. Ich war ein Außenseiter.

Manchmal dachte ich darüber nach, ob mein Leben nicht anders verlaufen wäre, wenn ich die mir von meiner Herkunft vorgezeichneten Wege eingeschlagen hätte. Jetzt zum Beispiel, während ich im Dienerzimmer meinen Koffer packte, dachte ich daran, weil gleichzeitig in mir die geheime Angst lebte, ob mich wirklich eine so goldene Zukunft erwartete.

Mein Vater, Hafiz Yasar, islamischer Religionslehrer, Besitzer zweier Landgüter, war ein gottesfürchtiger und in sich gekehrter Mann gewesen.

»Du verläßt dich zu sehr auf dein Glück.«

Es war seine ständige Redensart, wenn er sich meinetwegen sorgte. Die Familienehre wurde bei uns zu Hause hochgehalten. Der Ruhm meines Großvaters, von dem mein Vater zu berichten wußte, hatte seine Spuren in uns hinterlassen. Großvater war Pascha während des Osmanischen Reiches gewesen. Sein Name war bekannt und berühmt: Tahir Pascha, der Mutige!

Ein Beiname, der in modernen Ohren zwar lächerlich klingen mag, den wir Kinder aber nur ehrfürchtig aussprachen.

Wir zogen von Pristina nach Saloniki, wohnten dort nicht weit vom Geburtshaus Kemal Atatürks, des Begründers der modernen Türkei. Ein Onkel von mir, Generalmajor Kemal, kämpfte an Atatürks Seite.

Mein Vater führte die Familie nach Istanbul weiter. Das alte Osmanische Reich schrumpfte immer mehr zusammen, und jede Schrumpfung bedeutete für uns eine neue Übersiedlung.

Pristina wurde jugoslawisch, Saloniki griechisch. Bei jedem Ortswechsel verlor mein Vater Vermögen, Grund und Boden. Er hatte zwar Besitz verwalten können, aber er war unfähig, neuen Besitz zu erwerben. Er war Religionswissenschaftler, kein Geschäftsmann.

»Warum geht es uns nicht besser?« fragte ich ihn.

»Äußerer Besitz ist nicht das Wichtigste . . .«, pflegte er mir dann zu antworten. Ich hielt es für die Reden eines weltfremden Alten.

Die Familie schickte mich auf die Fatih-Militärschule; ich war dort einer der vielen jugendlichen Zöglinge aus guten Familien. Aber ich war das schwarze Schaf. Man legte meinem Vater nahe, mich von der Schule zu nehmen.

Meine Klassenkameraden von der Militärschule haben heute durchweg führende Stellungen in der Türkei inne. Mein Bruder studiert in Deutschland. Drei meiner Vettern wurden Direktoren in der Finanzverwaltung. Der heutige Bürgermeister von Ankara ist ebenfalls einer meiner Verwandten . . .

Was ich wurde, den Weg, den ich ging, durfte ich meiner Familie oder den Zeitumständen nicht zum Vorwurf machen. Ich war es, der aus der Ordnung ausbrach . . .

Nach dem Ersten Weltkrieg kamen Besatzungsmächte ins Land: Italiener, Franzosen, Engländer. Ich war zu nichts anderem zu gebrauchen, als Hilfsarbeiter in einer französischen Transporteinheit zu werden. Ich lernte Auto fahren. Es wurde mir zur Leidenschaft. Nie mehr im Leben bin ich von den Autos losgekommen.

Einen der französischen Lastwagen fuhr ich zuschanden, landete mit ihm im Graben. Die Franzosen entließen mich. Ich wechselte zu den Engländern über, wurde Chauffeur eines englischen Hauptmanns, fuhr seinen Sunbeam. Am Steuer eines Wagens hielt ich mich meinen Altersgenossen, soweit sie studierten oder Berufe erlernten, für weit überlegen. Ich taugte nichts.

Vor dem Haus meiner Eltern hatte ein französischer Offizier sein Motorrad abgestellt.

Waren Franzosen und Engländer nicht Feinde der Türken? War es nicht verdienstvoll (und machte es nicht außerdem Spaß), ihnen eins auszuwischen? Ich schwang mich auf das Motorrad und fuhr wie ein Idiot in der Stadt herum, bis ich plötzlich in eine Straße hineinfuhr, die steil bergab ging und die, wie in Istanbul nicht selten, auf einmal zu Ende war und sich nur noch als Treppe fortsetzte. Nach diesem Ausflug war das Motorrad nur noch ein Schrotthaufen, während ich aus vielen Verletzungen blutete. Die türkische Polizei nahm mich fest und übergab mich den Franzosen. Die Franzosen schleppten mich zu den Engländern, in deren Diensten ich stand. Vier Feldwebel prügelten mich hintereinander durch. Dann steckten sie mich ins Militärgefängnis.

Ich fühlte mich als Märtyrer. Dementsprechend war ich aufsässig und wurde wieder durchgepeitscht. Haßte ich die Engländer? Die Franzosen? Ich redete es mir ein, aber in Wirklichkeit haßte ich die Ordnung.

Ein Feldwebel holte mich, brachte mich aus dem Keller, in dem ich eingesperrt gewesen war, nach oben, wo ich Flure schrubben sollte. Ich entriß ihm seine Pistole, zwang ihn, mir die Tür zu öffnen, und flüchtete.

War ich ein Held? Kein Mensch legte auf meine Heldentaten Wert!

Sie faßten mich keine Stunde später, die Franzosen diesmal. Sie brachten mich zu ihrer Gendarmeriestation im Bezirk Babiali.

Nachts bat ich, auf die Toilette geführt zu werden. Diesmal flüchtete ich aus dem Toilettenfenster.

Tagelang trieb ich mich in Istanbul herum, glaubte ein Rebell zu sein und war doch nichts als ein winziger Krakeeler von neunzehn Jahren.

Auf einer Bank am Bahnsteig des Bahnhofs Yenikapi sah ich einen französischen Soldaten liegen, der eingeschlafen war. Ich stahl ihm die Pistole aus der Tasche. Am nächsten Tag wurde ich wieder gefaßt.

Die Liste meiner Straftaten hatte sich mittlerweile gefüllt: Diebstahl, Zerstörung militärischen Eigentums, bewaffneter Ausbruch, verbotener Waffenbesitz ... Sie schrieben in meine Akte ... ›... Vorsicht! Bazna ist ein gefährlicher und gerissener jugendlicher Verbrecher ...‹

Sie sperrten mich in eine Einzelzelle, an Händen und Füßen gefesselt, ein doppelt gesichertes Bündel.

Ein französisches Militärgericht verurteilte mich zu drei Jahren Zuchthaus. Sie brachten mich nach Marseille, dann in das Zwangsarbeitslager einer Strafkolonie. Dort erwarb ich meine französischen Sprachkenntnisse, die mir so sehr das Lob von Sir Hughe eintrugen.

Die Besatzungsmächte schlossen mit der neuen türkischen Regierung einen Vertrag, der auch alle nach Besatzungsrecht verurteilten Türken berücksichtigte. Ein Teil meiner Strafe wurde mir erlassen.

Auf der Heimreise blieb ich in Marseille hängen. Ich arbeitete im Zweigwerk der Lastwagenfabrik Berliet. Zum erstenmal lernte ich etwas Nützliches: das Handwerk eines Kraftfahrzeugschlossers.

Wer damals etwas von technischen Dingen verstand, war in der Türkei ein begehrter Mann. Ich wurde Kraftfahrzeugmeister der Istanbuler Stadtverwaltung. Dann Kommandant der Feuerwehr von Yozgat – ich Idiot war stolz darauf! Als ich meine Einberufung zum Militärdienst erhielt, wurde ich Chauffeur von Ali Sait Pascha, dem Inspektor der Heeresgruppe I. Ich hielt es für eine Karriere.

Dann beschloß ich, selbständig zu werden. Ein paar Geschäfte, die mir gelangen, und ein Zuschuß meines Vaters erlaubten mir, einen alten Studebaker zu erwerben. Ich wurde Taxichauffeur auf eigene Rechnung. Die Rechnung ging nicht auf – und ich war froh, als der jugoslawische Gesandte Jankovic einen Dienerchauffeur suchte und mich schließlich akzeptierte.

Ich war das geworden, was in der Türkei alle werden, die nichts gelernt haben und die nichts weiter als ein bißchen geschickt sind: Kawaß.

Kawaß bei Jankovic, Kawaß bei Oberst Class von der amerikanischen Botschaft, Kawaß bei Botschaftsrat Jenke, Kawaß bei Mr. Busk, Kawaß bei Sir Hughe ...

Hatten sie nicht recht, wenn ich für sie nur ein ganz unbedeutender Mensch von obskurer Herkunft war?

Aber die letzte Chance meines Lebens hatte ich ergriffen! In einem Banksafe auf meinen Namen lagen, sicher verwahrt, Millionen.

Am letzten Apriltag 1944 verließ ich die britische Botschaft. Der Abschied war sang- und klanglos. Sir Hughe bekam ich nicht zu Gesicht.

Er hatte am Abend zuvor angeordnet, daß der Butler Zeki vorläufig meine Arbeit übernehmen sollte.

»Ich möchte mich von Sir Hughe verabschieden ...« Zeki, der ewig Hochmütige, sah mich kaum an.

»Exzellenz hat befohlen, nicht gestört zu werden ...« Beruhten alle meine Ängste nur auf Einbildung? Hätte das Verschwinden von Cornelia Kapp vielleicht gar nicht das Ende von ›Cicero‹ bedeuten müssen? Mochte es gar keinen Anlaß gegeben haben, meine Spuren zu verwischen, die Kamera, die Metallstäbe und – fast zu spät – die beiden Nachschlüssel in den Kanal zu werfen?

Zum letztenmal benutzte ich den Hinterausgang für das Personal, stand auf der Ahmet-Agaoglu-Straße, einen Pappkoffer in der Hand. Niemand nahm zur Kenntnis, daß ich, der ich ›Cicero‹ gewesen war, ging.

Sir Hughe hatte es abgelehnt, von mir gestört zu werden! Ich mochte ihn überlistet haben, aber das bedeutete nicht, daß er mich als Gegner akzeptierte. Wie endet der klassische Spion? Er wird zur Erschießung geführt, respektiert selbst vom Feind.

Dumpfer Trommelwirbel und ein tapferes letztes Wort angesichts des Todes . . .

Ich ging die leere Straße hinunter, meinen Koffer in der Hand, unbeachtet, ein Mann mit gelichtetem Haar, nicht größer als einszweiundsechzig.

Von meiner Bedeutung war ich in diesem Augenblick nicht überzeugt.

13

Ich bin ein armer Mann

Ich mietete eine elegante Wohnung in einem Apartmenthaus im Stadtteil Maltepe, lebte das Leben eines reichen Müßiggängers. Wenn mich Esra besuchte, genoß ich ihre Anwesenheit, redete mir ein, sie sei eine ideale Geliebte, eher eine Sklavin als eine Freundin, und spürte doch, wie sie mich zu langweilen anfing. In Momenten der Ehrlichkeit gestand ich mir ein, warum das so war: Sie hatte mich noch als Kawaß gesehen; sie erinnerte mich an die Zeit, die ich vergessen wollte.

»Willst du nicht studieren? Ich bezahle es . . .«

Ich wurde zum Moralisten, der ein junges Mädchen davon abhielt, bloß Geliebte zu sein. Sie erkannte den wahren Grund meiner Tiraden über den Sinn des Lebens und die Aufstiegsmöglichkeiten einer jungen Frau in der modernen Türkei. Sie weinte nicht, machte auch keine Szene. Sie war in der islamischen Tradition erzogen worden, wonach der Frau nichts anderes übrigbleibt, als sich ins Unvermeidliche zu fügen.

Ich lernte eine griechische Sängerin kennen, erstklassig in der Figur, drittklassig im Gesang. Aika taugte nichts, aber sie achtete die Spielregeln. Solange sie mir auf der Tasche lag, betrog sie mich nicht. Sie war blond und langbeinig, erinnerte mich an Cornelia Kapp, der ich den Vorwurf machte, Ciceros vorzeitiges Ende bewirkt zu haben. Hätte ich nicht noch reicher werden können, wenn sie nicht gewesen wäre? Hätte ich mein Vaterland nicht bis zum Schluß im Zustand der Neutralität erhalten können?

Ich sagte zu Aika: »Du ähnelst einer Frau, die ich hasse.«

Aika lachte nur.

Weil ich mein Geld an sie verschwendete, hörte sie sich geduldig alle meine großen Sprüche an und spendete mir Beifall in Form von Umarmungen.

Ich ließ mich treiben. War es das Leben, von dem ich geträumt hatte? Die Zeit ging dahin.

Am 6. Juni 1944 erfolgte die Invasion in der Normandie.

Ich sagte: »Das ist *Overlord!* Jetzt ist Overlord eingetreten!«

Aika räkelte sich. »Was heißt Overlord?«

»So nennen sie die Invasion. Verstehst du?«

»Gehen wir ins Ankara-Palas?« fragte sie. Sie konnte entsetzlich gleichgültig sein.

Außenminister Numan Menemencioglu trat von seinem Posten zurück. Er war immer deutschfreundlich gewesen. Der neue Kurs zwang ihn, zu demissionieren.

Jetzt erreichten die Briten bei der türkischen Regierung alles. Die Regierung verbot deutschen Schiffen die Durchfahrt durch türkische Gewässer. Am 2. August wurden die diplomatischen Beziehungen zwischen der Türkei und dem Deutschen Reich abgebrochen. Es war nur noch eine Frage der Zeit, wann die Türkei den Deutschen den Krieg erklären würde.

Was ging das mich an? Hatte ich mir eingebildet, den Lauf der Dinge ändern zu können?

Ganz plötzlich, fast über Nacht, wurde Sir Hughe von seinem Posten abberufen. Am 31. August erhielt er ein Telegramm von Außenminister Eden – ich erfuhr es später. Ihm blieben acht Tage, um Ankara zu verlassen. Über die ungewöhnliche Eile machte ich mir Gedanken.

Er wurde dann noch Botschafter in Brüssel, bevor er endgültig in den Ruhestand versetzt wurde. Das Foreign Office versuchte, das Gesicht zu wahren.

Noch einmal gelang es mir, etwas zu erfahren, was mich nichts anging: die Stunde der Abreise von Sir Hughe.

Wollte ich mir ein Triumphgefühl verschaffen? Oder wollte ich nur noch einmal den Mann sehen, den ich hintergehen mußte, um die Chance meines Lebens auszunützen?

Ich stand auf der Straße vor der Botschaft, als sein Wagen am Portal vorfuhr.

Erst sechs Jahre später nahm die britische Regierung in einer kurzen Erklärung zu dem Stellung, was ich getan hatte. Mr.

Shepherd, ein Mitglied des Unterhauses, berührte das peinliche Thema. Und Außenminister Ernest Bevin mußte antworten.

Das Protokoll der Unterhaussitzung vom 18. Oktober 1950 lautete:

›... Mr. Shepherd fragte den Staatssekretär für außenpolitische Fragen unter Bezugnahme auf die Tatsache, daß wichtige Geheimdokumente einschließlich der Operation Overlord in unserer Botschaft in der Türkei gestohlen und an die Deutschen weitergeleitet wurden, ob Untersuchungen stattgefunden hätten, was deren Ergebnis wäre und welche Instruktionen erteilt worden seien, um die Wiederholung eines solchen Vorfalles zu verhüten ...‹

Außenminister Bevin antwortete:

›In der Königlichen Botschaft in Ankara wurden während des Krieges keine derartigen Dokumente gestohlen. Aber Erkundigungen des Vorfalls ergaben, daß es dem Diener des Botschafters gelang, eine größere Anzahl von Geheimdokumenten in der Botschaft zu fotografieren und die Filme an die Deutschen zu verkaufen. Er wäre nicht in der Lage gewesen, dies zu tun, wenn sich der Botschafter an die Verordnungen hinsichtlich der Aufbewahrung von Geheimdokumenten gehalten hätte. Neue Instruktionen sind nun in der Zwischenzeit an alle Betroffenen erteilt worden, und Maßnahmen wurden getroffen, damit ein solcher Verlust nicht wieder entstehen kann ...‹

Ein einziges Mal hat sich später auch Sir Hughe in dürren Worten geäußert:

»... der Kern der Geschichte ist sicherlich echt. Die ganze Geschichte spielte sich in einer Zeit von etwa sechs Wochen ab, jedenfalls die eigentlichen Transaktionen. Wenige Tage, nachdem wir entdeckt hatten, was vor sich ging, konnten wir die Sache abstellen. Der Kammerdiener hieß mit Vornamen Elias. An seinen Familiennamen kann ich mich nicht mehr erinnern. Natürlich war er von der Botschaft auf Herz und Nieren geprüft worden, bevor er angestellt wurde. Ich glaube, er war schon im Haus tätig, bevor er zu mir kam. Nach dieser Geschichte wurde er entlassen oder beurlaubt. Elias verschwand. Niemand weiß, wo er geblieben ist ...«

Ich war nicht verschwunden! Sir Hughe hätte mich sehen können, als er seine Residenz verlassen mußte. Ich stand auf der Straße. Sein Wagen fuhr vor. Sir Hughe erschien im Portal, ein Diplomat, der gelernt hat, sich keine Gemütsbewegung anmerken zu lassen.

War sein Abgang besser als der meine? Ich hatte den Hinterausgang benützt; er schritt durchs Portal. Ich hatte meinen Koffer selbst getragen; er brauchte sich um sein Gepäck nicht zu kümmern. Ich war zu Fuß den Hügel hinab in die Stadt gegangen, während er in seinem schweren Wagen lautlos an mir vorbeiglitt. Er saß hochaufgerichtet in den Polstern. Er sah mich nicht. Ich zog grüßend den Hut.

Ich fühlte die Sinnlosigkeit meines neuen Lebens. Was bedeuteten mir Aikas Umarmungen, ihre entzückten Ausrufe, wenn ich ihr Schmuck schenkte? Was hatte ich von der Höflichkeit der Kellner im Ankara-Palas, die ich mit hohen Trinkgeldern erkaufte?

Ich konnte nichts; ich hatte nichts gelernt – ich hatte nur Geld. Ich nannte mich jetzt ›Kaufmann‹, wurde Händler in Gebrauchtwagen. Denn von Autos kam ich nicht los!

Ich wickelte meine Geschäfte in der Halle des Ankara-Palas ab. Dort las ich die Zeitungen. Dort schnitt ich die Annoncen aus, in denen Wagen angeboten wurden.

Ein Wagen wurde zum Verkauf annonciert. In der Anzeige war die Telefonnummer des Besitzers, der ihn abstoßen wollte, angegeben. Ich kannte die Nummer. Es war der Anschluß von Mr. Busk, dem Ersten Sekretär der britischen Botschaft.

Es reizte mich, festzustellen, ob er wußte, daß ich Cicero gewesen war. Oder hatten der Geheimdienst und Sir Hughe den Kreis der Wissenden absichtlich klein gehalten, um die Blamage nicht mehr zu verbreiten, als nötig war?

Ich ließ mich in Mr. Busks Privatwohnung melden.

»Ich bin an dem Wagen interessiert . . .«

Mr. Busk empfing mich in seinem Salon. Er starrte mich an. Mit Genuß empfand ich meine Unverschämtheit.

»Sie sind das?«

Ich verbeugte mich. »Ich handle jetzt mit Gebrauchtwagen, Sir. Das Geschäft läuft recht gut an.«

Wußte er wirklich nichts, oder beherrschte er sich nur?

Er erkundigte sich höflich nach meinem Befinden. Ich antwortete, es ginge mir ausgezeichnet. »Handelt es sich um den Wagen, Sir, den ich noch kenne?«

»Ja.«

»Ich biete Ihnen dreihundert Pfund Sterling, Sir, wenn Sie einverstanden sind.«

Er war einverstanden. Mein eleganter Anzug schien ihn zu irritieren.

»Darf ich den Wagen noch einmal sehen?«

Wir gingen zur Garage. Ich sah mir den Wagen an, Bereifung, Kilometerstand, Polsterung.

»Er ist gut gepflegt«, sagte ich.

Mr. Busk verzog keine Miene. Es war eine eigenartige Situation, mit ihm ein Geschäft abzuschließen.

»Wie geht es dem Kindermädchen, Sir, das seinerzeit bei Ihnen beschäftigt war?«

Ich öffnete die Motorhaube, während er antwortete.

»Sie hat in London einen Amerikaner kennengelernt. Sie ist in den Staaten . . .«

Ich beugte mich über den Motor. Ich empfand eine gewisse Rührung, zu erfahren, daß mir Mara nicht mehr nachtrauerte.

»Verheiratet?« fragte ich und schloß die Motorhaube.

»Verheiratet plus Baby«, antwortete Mr. Busk. Er sprach offensichtlich nicht gern über eine ehemalige Angestellte zu einem ehemaligen Kawassen.

»Ich nehme den Wagen«, sagte ich und gab ihm dreihundert Pfund.

Ich wollte ihn nicht betrügen. Es war Geld, das ich von den Deutschen bekommen hatte. Ich hielt es für echtes Geld. Woher sollten Mr. Busk und ich auch wissen, daß es falsche Pfundnoten waren, die bei unserem Handel von meinen Händen in die seinen übergingen?

Ich glaubte, mein Geld stelle ein unermeßliches Vermögen

dar. Ich hütete es und vergeudete es gleichzeitig, wie es nur ein Mensch fertigbringt, der zu lange arm war, um noch kühl rechnen zu können.

Das Geld war einen seltsamen Weg gegangen, der in der Türkei begann: Zu Beginn des Krieges lieferten türkische Webereien Leinen nach Deutschland. Die Deutschen importierten das Leinen deshalb, weil es sich in ähnlicher Qualität in ihrem eigenen Land nicht auftreiben ließ. Diese türkischen Leinenhadern wurden in Deutschland zu Papier der gleichen Art verarbeitet, wie es die Bank von England zur Herstellung ihrer Pfundnoten verwendet.

Der erste Schritt zur Fälschung war getan.

Im Konzentrationslager Oranienburg wurden unter den Häftlingen Fachleute aller Nationen ausgesucht; sie wurden in einem Sonderblock untergebracht und bevorzugt behandelt. Es waren erstklassige Graveure, Drucker und Banknotenspezialisten. Sie stellten aus den zu Papier verarbeiteten türkischen Leinenhadern englische Pfundnoten her.

Ziel der Deutschen war es, die Noten in riesigen Mengen im neutralen Ausland zu verbreiten, um dadurch die englische Währung empfindlich zu treffen, wenn nicht gar entscheidend zu erschüttern. Das Amt VI des Reichssicherheitshauptamtes aber, dem auch Moyzisch angehörte, nahm zusätzlich noch einen weiteren Vorteil wahr: Da Devisen, mit denen seine Agenten bezahlt werden mußten, knapp waren und die echten Banknotenbestände damals bei weitem nicht ausreichten, wurden deren gefährliche Dienste mit Falschgeld honoriert!

Die Deutschen testeten ihre falschen Produkte. Sie schickten einen Mittelsmann in die Schweiz. Bei einer Schweizer Bank gab er vor, in diesen Noten Fälschungen zu vermuten, und bat, sie einer Prüfung zu unterziehen. Die Schweizer prüften die Noten drei Tage lang nach allen Regeln der Kunst. Sie kamen zu dem Ergebnis, die Noten seien zweifellos echt! Um sicherzugehen, übermittelten die Schweizer sogar Seriennummern, Ausgabedaten und Unterschriften der Noten an die Bank von England. In der Antwort aus London hieß es, die angegebenen Serien seien tatsächlich im Verkehr.

Die Fälschungen hatten den Test erfolgreich bestanden.

Als die Türkei Ende Februar 1945 auf alliierter Seite in den Krieg eintrat, hatten alle Lieferungen von Leinen nach Deutschland längst aufgehört. Aber die bisherigen Ausfuhren hatten ihren Zweck inzwischen reichlich erfüllt . . .

Im Mai 1945 wurde in Österreich der amerikanische Geheimdienst alarmiert. Es wurde gemeldet, daß Bauern der Umgebung Geldscheine in großen Mengen aus der Traun herausfischten. Der amerikanische Geheimdienst sperrte das Gebiet ab, machte sich seinerseits ans Fischen – und angelte rund zwanzig Millionen Pfund Sterling aus dem Fluß.

Der US-Geheimdienst machte einen ehemaligen KZ-Häftling namens Skala ausfindig. Doch Skala sagte nur widerstrebend aus. Er fürchtete, sich durch seine Mitarbeit an den Fälschungen, wenn er zu ihr auch gezwungen worden war, strafbar gemacht zu haben. Schließlich ergab seine Vernehmung, daß falsche Noten im Wert von rund hundertfünfzig Millionen Pfund Sterling hergestellt worden waren.

Die Bank von England wurde informiert. Sie zog die Serien, die nachgemacht worden waren, stillschweigend aus dem Verkehr. Offiziell wurde kein Wort bekanntgegeben. England fürchtete die Unruhe, die auch jetzt noch auf dem internationalen Geldmarkt entstehen konnte.

Deutsche Mitarbeiter der Falschgeldaktion sagten aus, daß falsche Pfunde im Gegenwert von fünfundzwanzig Millionen Reichsmark in die Türkei eingeschleust worden seien, zum Teil, um die britische Währung zu erschüttern, zum Teil, um einen Agenten der Deutschen zu bezahlen.

Jener Agent war ›Cicero‹, und ›Cicero‹ war ich!

Von den Vernehmungen des amerikanischen Geheimdienstes, von den Maßnahmen der Bank von England drang nichts in die Öffentlichkeit. Ich ahnte nicht, daß ich, der ich Sir Hughe betrogen hatte, gleichzeitig meinerseits von den Deutschen betrogen worden war!

Der Schatz, den ich so eifersüchtig hütete, besaß noch nicht einmal mehr den Materialwert des türkischen Leinens, aus dem er produziert worden war. Mein Geld stellte kein unermeßliches Vermögen dar!

Ohne es zu wissen, war ich ein armer Mann!

Hätte ich ein Tagebuch geführt, es wäre damals mit Notizen des Triumphes gefüllt gewesen ...

... das Ziel ist erreicht! Das Spiel mit der Gefahr hat sich gelohnt! Scheidung von meiner Frau! Mußte ja so kommen. Bin großzügig zu ihr gewesen, auch zu den vier Kindern. Ist doch selbstverständlich. Sie leben jetzt in einer komfortablen Wohnung, wie sie es sich nie hätten träumen lassen. Ich bin eigentlich doch kein so schlechter Mensch! Esra, meine Exgeliebte, studiert auf meine Kosten; Mara, meine Exgeliebte, hat so viel von mir bekommen, daß sie für einen Amerikaner zu einer guten Partie geworden ist. Der Exfrau und den Kindern geht es gut. Mein Gewissen? Mein Gewissen ist völlig ruhig! Die Engländer unternehmen nichts. Vielleicht um ihren eigenen Botschafter zu schonen. Aussagen meinerseits könnten den Briten mehr Spott eintragen, als ihnen ein etwaiger Prozeß gegen mich nutzen würde. Ich bin reich, unabhängig. Meine Freundin Aika: prachtvolle Figur, größer als ich. Kann ich mir leisten! Mit meinem Geld überrage ich alle! Die Deutschen haben den Krieg verloren. War letzten Endes vorauszusehen. Aber was geht mich das noch an? Das Leben geht weiter, vor allem für mich! Ich wohne jetzt in Istanbul! Bin mit Aika, meiner schönen, teuren Freundin, oft auf Reisen. Bin in Bursa gewesen. Ein wundervoller Ort. Hier werde ich meinen Traum erfüllen! Ich werde ein Hotel bauen. Nach Schweizer Vorbild. Ein Treffpunkt der großen Welt, die bei mir zu Gast sein wird. Aika bewundert meine Vitalität. ›Du bist ein großer Mann!‹ Ich liebe sie nicht. Aber ich kann mich mit ihr überall sehen lassen ...

... es wäre ein großmäuliges Tagebuch gewesen, voller Stolz – und voller Unwissenheit um die Wirklichkeit.

Ich gab das Gebrauchtwagengeschäft auf. Ein Bauunternehmer aus Istanbul zeigte sich an meiner Partnerschaft interessiert. ›Bazna & Ötzemel‹ hieß die Firma, die wir gründeten. Ich ließ Briefköpfe drucken, imposante Bogen, die nach viel aussahen. Mit Bankverbindung – Holland-Bank, Istanbul. Mit Kontonummer, mit Telefonnummer; alles war im Briefkopf zu finden. Bazna und Co.! Der große Unternehmer war geboren!

Wer fragte denn danach, woher ich kam, wieso ich Geld besaß, welchen Beruf ich bisher hatte? Mein Auftreten war sicher und selbstbewußt. Ich roch nach teuerster Seife. Ich hatte längst vergessen, daß ich einst ein Kawaß gewesen war.

Ich bekam einen Regierungsauftrag, baute das neue Paketpostamt in Istanbul. Meine Firma florierte. Ich soupierte mit hohen Staatsbeamten.

Die Stadtverwaltung Bursa meldete sich. Ein städtischer Auftrag, die Errichtung einer neuen Volksschule, war zu vergeben. Architekten und Bauingenieure arbeiteten für mich, fertigten Entwürfe, Kostenvoranschläge, Modelle an. Ich reichte sie in Bursa ein. Und ich bekam den Auftrag. Die Schule wurde gebaut. Bei der feierlichen Einweihung, an der die Honoratioren der Stadt teilnahmen, wurde ihr der Name ›Hasim-Iscam-Volksschule‹ gegeben. Der erste Kontakt zu Bursa war hergestellt.

Es gab ein ehrwürdiges Hotel dort, das ›Celik‹. Es hatte einen guten Namen. Aber es war veraltet.

»Man müßte sich mit dem Besitzer einigen. Die Stadt hat Thermalquellen. In aller Welt wollen die Menschen den Krieg vergessen. Der Fremdenverkehr wird einen Aufschwung nehmen, der heute noch unvorstellbar ist. Ein riesiges Hotel müßte hier gebaut werden! Bursa ist der günstigste Platz dafür in der Türkei. Und der günstigste Platz in Bursa liegt neben dem alten ›Celik‹. Hier müssen wir bauen! Das exklusivste Hotel der Türkei! Wir geben ihm den Namen ›Celik-Palas‹!«

Ich redete mich über diesen Plan heiß, zerstritt mich darüber mit meinem Kompagnon. Meine Pläne waren ihm zu riskant, prellten zu weit in eine Zukunft vor, die sein Vorstellungsvermögen überstieg.

Ich trennte mich von ihm, fand einen neuen Partner, Niyazi Acar. Ein neuer Plan. Eine neue Firma: Bazna & Acar. Ein neues Projekt: Das ›Celik-Palas‹ sollte erstehen. Es war ein Unternehmen, so umfangreich, daß es ohne Regierungshilfe nicht zu bewältigen war.

Aika war stets an meiner Seite, lächelnd, kühl, hinreißend. Ich erklärte ihr die Großartigkeit des Projekts: »Zu diesen Thermalquellen hier kamen schon die römischen Kaiser des Altertums ... Du kennst die Menschen! Sie mögen es, ihre Gebrechen in Bädern auszukurieren, die schon in der Antike den Menschen Heilung gebracht haben. Sommer- und Wintersaison, verstehst du?« Aika klingelte mit den Eisstückchen in ihrem Whiskyglas.

Ich zeigte ihr die Umgebung der Stadt. Das Klima ist einzigartig. In den Obstplantagen gedeihen Pfirsiche, von denen jeder einzelne ein Pfund wiegt. Der Uludag, der hinter der Stadt aufsteigt, ist 2543 Meter hoch.

»Es wird ein Paradies für Schifahrer sein!«

Ich breitete vor Aika die Skizzen und Aufrisse aus, die meine Architekten angefertigt hatten.

»Der Bau wird über einer Thermalquelle errichtet. Heilbäder im eigenen Haus! Fünf Stockwerke. Hundertfünfzig Zimmer mit zweihundert Betten. Jedes Zimmer mit Privatbad, Telefon, allem Komfort. Eine weite, großzügige Hotelhalle. Ich habe eine Schwäche für Hotelhallen! Es ist wundervoll, in einer Hotelhalle zu sitzen und die Menschen zu beobachten ...«

Ich war der Erfüllung meines Traumes greifbar nahe. Aika streichelte lächelnd meine Hand.

In Istanbul war bei Banken, Geschäftsleuten und Behörden eine plötzliche Unruhe entstanden. Hier und da wurde entdeckt, daß falsche englische Pfundnoten in Umlauf waren. Unternehmer, an die Zahlungen in Pfundnoten geleistet wurden, machten es sich im Zug der schwelenden Nervosität zur Gewohnheit, jeden einzelnen Schein prüfen zu lassen.

Für eine größere Lieferung Ätznatron zahlte der Kaufmann Ismail Karaali dem Kaufmann Avadis einen erheblichen Betrag in Pfund-Sterling-Noten aus. Ein Freund des Avadis namens Burhan, der sich auf eine Geschäftsreise in die Schweiz begab,

nahm einige der Banknoten mit, um sie in Avadis' Auftrag bei
einer Schweizer Bank prüfen zu lassen. Die Schweizer Bank
prüfte wieder einmal nach allen Regeln der Kunst und schickte,
um ganz sicherzugehen, die Noten an die Bank von England
weiter. Es war eine Wiederholung des Vorgangs, wie ihn schon
einmal, während des Krieges, die Deutschen als Test veranlaßt
hatten. Doch diesmal fiel das Ergebnis anders aus!

Das Geld, das den Weg von Karaali über Avadis und Burhan
zur Kontrolle nach London genommen hatte, wurde als ungültig
erklärt. Die Pfundnoten waren falsch!

Als Burhan in die Türkei zurückkehrte, wurde er festgenom-
men. Er verwies auf Avadis. Die Polizei griff erneut zu. Avadis
nannte Ismail Karaali als denjenigen, der mit dem Geld eine
Rechnung beglichen hätte.

Karaali wurde dem Untersuchungsrichter vorgeführt. Gegen
ihn, Avadis und Burhan wurde Anklage wegen der Verbreitung
von Falschgeld erhoben.

»Von wem haben Sie die Pfundnoten erhalten?«

Ismail Karaali brauchte nicht lange zu überlegen. Er wies dem
Richter seine Geschäftsbücher vor. Aus den Büchern war seine
Verbindung zu jenem Bauunternehmen ersichtlich, das zur Zeit
an dem von der Regierung geförderten Projekt des Celik-Pa-
las-Hotels in Bursa arbeitete.

»Sie wollen behaupten, das Geld von einem Konsortium erhalten zu haben, in dem auch staatliche Stellen vertreten sind?«

Der Untersuchungsrichter sah den Skandal voraus, der entstehen könnte. Das größte Kurhotel der Türkei, der künftige
Stolz des Fremdenverkehrs, ein Bau, an dem der Staat Teilha-
ber war, sollte mit Geld errichtet werden, das falsch war? Die
Behörden gerieten in Panik.

Ich bewohnte eine Zimmerflucht in einem Bursaer Hotel. An
dem Abend, der das Ende brachte, saß ich mit zwei Architekten
zusammen. Wir besprachen gerade die Ansicht der Fassade des
Celik-Palas. Bis zum ersten Stock war roter Sandstein verwendet worden; die übrigen vier Etagen sollten graugrün verputzt
werden . . .

Ich wurde ans Telefon gerufen.

Der Apparat stand in der Nähe des Fensters. Wenn ich hinausblickte, konnte ich die Baustelle sehen. Das Celik-Palas war bereits bis zum großen Speisesaal gediehen, der sich in der ersten Etage befand.

Ich meldete mich.

Es war die erregte Stimme meines Geschäftspartners. Die Polizei sei dagewesen. In Istanbul sei der Teufel los. Ich glaubte ihn mißzuverstehen.

Das Firmenvermögen sei beschlagnahmt ...

Mein Verstand weigerte sich, die vernichtende Wirklichkeit zu begreifen.

»Haben Sie an den Kaufmann Ismail Karaali Zahlungen in Pfundnoten geleistet? Haben Sie das getan?«

»Selbstverständlich. Ich verstehe nicht ...«

»Das Geld ist falsch!«

Die Stimme am anderen Ende überschlug sich. Die Worte verwirrten sich zu einem unverständlichen Gezeter. Ich hörte überhaupt nicht mehr zu. Legte auf.

Eine Stunde später fand mich Aika. Die Architekten hatten ihr gesagt, ich sei zusammengebrochen, man könne sich die Ursache nicht erklären, ich hätte getobt ...

Aika kam und stellte ihre Fragen. Kühl und sachlich. Ich gab Antworten, an die ich mich heute nicht mehr entsinne.

Ich war nicht aufgeregt. Ich war stumpf und teilnahmslos. Aika erkannte deutlicher als ich, was der Anruf bedeutete.

Sie verließ mich noch an diesem Abend.

14

Der Traum ist aus

Alle, die mit dem Fall Cicero zu tun hatten, sind beim Schicksal in Ungnade gefallen.

Die Angehörigen der deutschen Botschaft waren nach Abbruch der diplomatischen Beziehungen in einer Art Edelinternierung gehalten worden. Schließlich wurden sie auf dem schwedischen Dampfer ›Drotningholm‹ eingeschifft. Noch auf der Fahrt durch das Mittelmeer wurden sie vom Kriegsende überrascht. Das Schiff lief Liverpool an, und die Engländer verhafteten, wen sie für gefährlich hielten. Darunter auch Moyzisch.

Monatelang saß er in einem Sammellager für ›Spezialisten der Feindseite‹, wurde verhört. Tag und Nacht. Bis zur Erschöpfung.

»Wer war Cicero?«

»Stimmt es, daß es sich um den Kammerdiener des britischen Botschafters gehandelt haben soll?«

»Kennen Sie seinen richtigen Namen?«

»Haben Sie seine Dienste mit Falschgeld honoriert?«

»Sie behaupten, von der Falschgeldaktion nichts gewußt zu haben. Das glauben wir Ihnen nicht! Sagen Sie die Wahrheit. Wieviel Geld hat er von Ihnen bekommen?«

»Beschreiben Sie den Mann. Wir glauben Ihnen nicht, daß Sie seinen richtigen Namen nicht kennen! Wie war sein Name? Sagen Sie uns den Namen! Den Namen! Den Namen! . . .«

Sie konnten von ihm nichts erfahren, was sie befriedigt hätte. Nach vielen Monaten ließen sie ihn laufen, einen mageren Mann, der froh war, endlich wieder einer von vielen werden zu dürfen.

Er ging in seine österreichische Heimat zurück. Siebzehn Jahre nach unserem gemeinsamen Abenteuer habe ich ihn in Innsbruck wiedergesehen. Wir lächelten kühl, wir betrachteten uns neugierig, um zu sehen, was aus uns geworden war. Wir empfanden keine sonderliche Sympathie füreinander. Unser großes Abenteuer hatte sich für keinen von uns gelohnt.

Die anderen?

1949 las ich eine amerikanische Zeitung, den ›Philadelphia Enquirer‹. Sie druckte ein Interview mit einem gewissen George H. Earle ab. Mir fiel ein, was ich über ihn wußte. George H. Earle, persönlicher Freund von Präsident Roosevelt, Gouverneur von Pennsylvania, US-Gesandter in Wien, dann in Sofia. Im Krieg Balkanspezialist der Amerikaner, offiziell Marineattaché an der amerikanischen Botschaft in der Türkei, in Wirklichkeit Sonderbeauftragter des amerikanischen Geheimdienstes. Der Mann im Hintergrund. Der Mann, bei dem alle Fäden zusammenliefen. Der Mann, der dafür gesorgt hatte, daß Cornelia Kapp von Sofia nach Ankara geholt wurde, um dort für die Amerikaner zu arbeiten.

Earle war eigenwillig gewesen, hatte eigene Gedanken gehabt, hatte einen unterirdischen Kontakt zu Botschafter von Papen hergestellt. Er war Gegner einer bedingungslosen Kapitulation Deutschlands. Er meinte, es würde genügen, wenn die Deutschen Hitler beseitigten und den Krieg beendeten. Er fürchtete das künftige Verhalten der Russen, wenn sie zu weit in Mitteleuropa vordrangen.

Earle teilte diese seine Meinung seinem Freund Franklin D. Roosevelt mit. Und der amerikanische Präsident hatte sich daraufhin von seinem Freund getrennt, nur weil dieser anderer Ansicht war. Earle kündigte seinerseits an, er werde öffentlich erklären, daß der Präsident eine falsche und verhängnisvolle Politik verfolge und daß in Wirklichkeit Rußland die Hauptbedrohung für Amerika darstelle. Der Präsident zögerte nicht, seinen ehemaligen Freund nunmehr endgültig kaltzustellen.

Ich las, was Earle, bei dem einst alle Informationen Cornelias gelandet waren, im ›Philadelphia Enquirer‹ dazu erklärte:

»... Der Präsident schrieb unverzüglich und unmißverständlich: ›Ich untersage Ihnen ausdrücklich, jedwede Information oder Meinung der Öffentlichkeit zu übergeben, die Sie aufgrund Ihrer Dienststellung in der US-Marine oder auf irgendeine andere Weise erworben haben können, solange Sie im Dienst waren.‹ Der Präsident machte außerdem unsere Vereinbarung rückgängig und befahl mir, meine Demission als Marineattaché in der Türkei zu erbitten. Er überwies mich dem Navy Department, das mich als Stellvertretenden Gouverneur nach Samoa verbannte, wo ich sechzehntausend Eingeborene zu regieren hatte . . .«

Ich las es und spürte die Verbitterung des Mannes, der aus dem Hintergrund einmal die Aktionen gegen mich geleitet hatte.

Cornelia Kapp ist nicht gut auf ihn zu sprechen. Sie sagte: »Ich selbst habe ihn in der Türkei nie gesehen. Ich habe nur gehört, daß er gern trank und wegen seines unsoliden Lebenswandels von Washington zurückbeordert worden ist . . .«

Sie sind heute alle nicht mehr gut aufeinander zu sprechen, sie, die einmal jede Anstrengung unternahmen, um ›Cicero‹ zu finden.

Ich hatte mir immer vorgestellt, was ich Cornelia Kapp fragen würde, wenn ich ihr jemals begegnete.

»Hat es sich gelohnt? Wieviel haben Ihnen die Amerikaner gezahlt?«

Sie hatte ihren Verrat nicht für Dollars begangen. »Ich wollte nach Amerika. Die Amerikaner versprachen mir, mich nach Amerika zu bringen. Dafür habe ich es getan!«

Als ich Cornelias Spur in Amerika entdeckt hatte, erübrigte es sich für mich, weiterhin Überlegungen darüber anzustellen, welchen Dank sie geerntet haben mochte.

In einem Bericht aus San Diego las ich ihre eigenen Worte:
›Von Ankara brachte man mich über Cypern und England per Flugzeug nach Washington. Steckte mich in ein Lager. Von meinen Verdiensten um die USA schien keiner was zu wissen. Ich erlebte eine furchtbare Zeit. Ich wurde beobachtet und behandelt wie eine Verbrecherin. Nicht einmal auf die Toilette durfte ich ohne Bewachung gehen. Man unterwarf mich entsetzlichen Schockbehandlungen, wie sie Geisteskranken zuteil werden. Dann sperrte man mich in Washington in ein gewöhnliches

Gefängnis, zusammen mit Prostituierten. Ich fühlte mich furchtbar beleidigt nach alldem, was ich für Amerika getan hatte ...‹

Dann las ich den Bericht, den Violet Kyle, genannt Pinky, von Beruf Kellnerin in Toffinettis Triangle Restaurant in Chicago, gegeben hatte:

›... Cornelia kam aus einem Lager in Bismarck, in Norddakota, zu uns. Sie wurde ebenfalls Kellnerin. Wir freundeten uns an. Es gab einen deutschen Barmixer. Er hieß Wolfgang. An den Familiennamen entsinne ich mich nicht mehr. Er war auch in dem Lager gewesen. Er war sehr in Cornelia verliebt. Er verschaffte Cornelia die Adresse von Mr. Coutandin, der deutscher Abstammung ist. Cornelia zog zu den Coutandins in Untermiete. Wolfgang wurde nach Deutschland zurückgeschickt, aber Cornelia hat nie seine Briefe beantwortet. Cornelia war unter ständiger Bewachung des FBI. Im Restaurant hatte sie oft Ohnmachtsanfälle. Sie sagte, das käme von der Schockbehandlung, mit der man sie gequält hätte. Sie trank zwanzig Tassen Kaffee pro Tag, bis sie nur noch ein Nervenbündel war. Sie erzählte mir, daß sie ihren Vater über alles liebe. Er hätte sie sehr verwöhnt. Als Kind hätte sie alles gehabt, was sie sich nur wünschen konnte. Hier in Chicago hatte sie nie viel Geld, aber sie pflegte dennoch in den feinsten und teuersten Geschäften einzukaufen ...‹

Cornelia, dieser zerrissene, unglückliche Mensch, wohnte in Chicago bei dem Ehepaar Coutandin in der Canmore Avenue.

Ich las auch die Aussage der Coutandins:

›Sie erzählte uns von Ankara. Sie hätte den deutschen Geheimcode und alle geheimen Nachrichten aus der deutschen Botschaft an die Amerikaner verraten. Im April 1944 hätte sie Ankara verlassen müssen. Sie wäre nur ungern von dort weggegangen, weil das Nachtleben dort so aufregend gewesen wäre, und außerdem hätte sie dort eine heiße Liebesaffäre gehabt. Wir hatten Mitleid mit Cornelia, aber sie entpuppte sich als ein seltsames Mädchen, das einen mit seinen Nervenkrisen krankmachen konnte. In ihrem Zimmer hatte Cornelia einen ganzen Koffer voll mit Schokolade gestapelt. Sie lebte in ständiger Angst, verhungern zu müssen. Eines Tages fanden wir die Süßigkeiten zur Hälfte von Mäusen aufgefressen unter ihrem Bett. Sie erzählte immer von einem jungen Mann, einer Jugendliebe, den sie in Ankara getroffen hätte. Sie versuchte alles, um ihn in Amerika zu finden, bis sie letzten Endes erfuhr, daß er angeblich nicht mehr am Leben war. Bei uns lernte sie dann Bill Gorman kennen, der gleichfalls im Haus wohnte. Die beiden haben dann geheiratet. 1947 erfuhr Cornelia, daß ihr Vater gestorben wäre. Sie rannte in die Küche und öffnete alle Gashähne, um Selbstmord zu verüben. Wir waren in den oberen Räumen und wurden erst durch den Gasgeruch aufmerksam. Als wir sie aus der Küche herauszogen, war sie bereits besinnungslos. Schließlich kam sie doch wieder zu sich. Sie schrie und weinte. ‹Es ist meine Schuld! Er ist meinetwegen gestorben!› Sie glaubte, ihr Vater sei aus Kummer umgekommen. Cornelia wurde wöchentlich vom FBI kontrolliert ...‹

War die Affäre Cicero nicht wie eine Krankheit, die jeden mit Unheil verseuchte, der mit ihr in Berührung gekommen war?

Ich fand einen geradezu perversen Trost darin, nicht der einzige zu sein, der vom Schicksal geprellt worden war. Gierig griff ich nach allen Berichten, die davon erzählten, wie es den anderen ergangen war.

Ruth Coutandin, die Tochter des Ehepaares, bei dem Cornelia Kapp in Untermiete gewohnt hatte, war nach Hollywood gezogen. Dorthin führte auch die Spur Cornelia Gormans, geborene Kapp. Ihr Mann Bill fand eine Stellung in Los Angeles.

Der Bericht Ruth Coutandins lautete:

›Sie wohnten am Beachwood Drive. Cornelia war nicht schlecht. Sie konnte sehr liebenswürdig sein. Manchmal war sie voller Trauer. Sie wurde Mutter zweier Kinder, aber Ruhe fand sie nicht. Ich habe erlebt, daß sie an einem Abend ganz allein eine Flasche Schnaps austrank. Sie hatte Angst davor, eine Gewohnheitstrinkerin zu werden. Hier gibt es eine Organisation, die A. A., die Alcoholic Anonymous, die mit vielen frommen Sprüchen und noch mehr gutem Willen die Rettung Trunksüchtiger betreibt. Dort wurde Cornelia geheilt. Aber ich glaube, sie ist jetzt eine religiöse Fanatikerin ...‹

Ich habe Cornelia Kapp monatelang gesucht. Ich habe Pinky,

die Kellnerin, die Coutandins, ihre Vermieter, gefunden, die alle versuchten, mir den Menschen Cornelia Kapp, den ich einmal gehaßt hatte, begreiflich zu machen.

Zum Schluß habe ich auch eine Beschreibung des Häuschens bekommen, in dem diese Frau, die mich einmal gejagt hat, jetzt lebt.

›Es ist ein kleines Haus im Hafengebiet von San Diego, direkt bei der US-Marine-Station, nicht weit von der Küste des Pazifik. Es ist ein hübsches Häuschen. Cornelias Kinder sind sauber und adrett. Sie selbst wirkt ruhig, ist aber manchmal von irritierender Starrheit. Es heißt, daß sie eifrig die Erbauungsabende der Heilsarmee zur Rettung der Trunkenbolde besucht und in dieser Richtung viel Gutes tut. Besuchern ihres Hauses fällt auf, daß in jedem Zimmer Schilder mit Sprüchen hängen wie: *Gott verzeiht!* Selbst auf der Toilette befinden sich gerahmte Mahnungen: *Glaube an ihn!* und *Er wird helfen!*‹

Meine eigene Wohnung? Sie liegt in einer winzigen Nebenstraße abseits von weltstädtischem Getriebe. Die Zülali Cesme Sokak ist eine Sackgasse, leicht verschmutzt, weit entfernt davon, eine elegante Villenstraße zu sein.

Wenn ich nach Hause komme, muß ich eine steile Steintreppe zum zweiten Stock hinaufsteigen, durch ein dunkles Treppenhaus, eine dunkle Tür gehen. Dahinter die Wohnung eines Spießbürgers: geblümte Sessel, geblümtes Sofa, geblümtes Familienleben. Eine Frau, vier Kinder, ein Mann Ende Fünfzig, der süßen Kaffee und süße Liköre liebt. Wenn ich in den Spiegel schaue, versuche ich in mir den einstigen Abenteurer zu erkennen, den rücksichtslosen Mann mit den schillernden Träumen. In Wirklichkeit sehe ich nur ein kahlköpfiges Familienoberhaupt, das mit einer um zwanzig Jahre jüngeren Frau in zweiter Ehe lebt. Ab und zu besuchen mich auch meine vier Kinder aus erster Ehe . . .

Ein Abenteurer mit acht Kindern! Ein kinderreicher Spion, den man den gefährlichsten des Zweiten Weltkriegs genannt hat! Ich sehe nicht gern in den Spiegel. Es besteht kein Grund mehr, eitel zu sein. Meine geblümte Wohnung ist das Ziel, das ich erreicht habe ... Es hat einmal eine Frau gegeben, die meine Vitalität bewundert hat: die lächelnde, kühle, berechnende Aika. Meine Vitalität ist auf der Strecke geblieben. Sie wurde zerstört von den Kämpfen mit der Polizei, mit der Justiz, mit den Gläubigern.

»Sie haben Falschgeld verbreitet!«

»Ich wußte nicht, daß es Falschgeld war!«

»Sie sind ein Betrüger!«

»Ich habe in gutem Glauben mit dem Geld bezahlt! Nicht ich, die Deutschen sind die Betrüger!«

»Wie wollen Sie das beweisen?«

Jahre gingen dahin. Die Fragen, die Verhöre, die Zweifel der Behörden blieben sich immer gleich.

Ich lernte Duriet kennen, die meine Frau wurde. Sie wußte, daß ich arm war, aber das störte sie nicht.

Die Gerichte gaben es schließlich auf, mich zum Verbrecher zu stempeln. Sie verlangten nur, daß ich meine Schulden bezahlte, die ich gemacht, als ich unwissentlich Rechnungen mit falschem Geld beglichen hatte.

Ich gab Gesangsunterricht, weil mir nichts geblieben war als meine Stimme, für die einst Sir Hughe Komplimente übrig gehabt hatte. Das geringe Honorar ging an die Gläubiger. Ich machte kleine Geschäfte – mit Gebrauchtwagen. Die Gläubiger holten sich ihren Teil. Als ich nicht mehr weiter wußte, lieh ich mir einen Frack, mietete den Saal des Saray-Kinos in der Istiklal Caddesi, ließ Plakate drucken: ›Arienabend Elyesa Bazna . . .‹

Am nächsten Tag konnte ich in der Zeitung lesen:

›Seit Tagen wurde durch Anschläge angekündigt, daß ein Mann namens Elyesa Bazna ein Konzert geben werde. Der Bariton Bazna sang gestern Arien von Händel, Giordani, Verdi, Mascagni, Grieg und Bizet. Er beendete sein Konzert mit dem Lied ‹O sole mio›. Fast jedes Stück errang großen Beifall, obwohl nur einige hundert Zuhörer gekommen waren. Der Abend endete mit einem tragikomischen Zwischenfall: Im Zuschauerraum saß ein Istanbuler Kaufmann, ein Gläubiger des Sängers, mit einem Gerichtsvollzieher, der noch vor Schluß des Konzerts die Kasse pfändete . . .‹

Zum Schaden hatte ich also auch noch den Spott, wurde zur komischen Figur. Ich war ein einsamer Mann, als ich an diesem Abend durch eine Hintertür das Kino verließ und im Frack durch die nachtdunklen Straßen ging, ohne auf die Menschen zu achten, die der lächerlichen Erscheinung nachstarrten.

Sollte ich betteln gehen?

Ich ging zum deutschen Generalkonsulat, das sich jetzt ›Generalkonsulat der Bundesrepublik Deutschland‹ nannte. Die Deutschen hatten es wieder weit gebracht . . .

»Ich möchte den Herrn Generalkonsul sprechen . . .«

»In welcher Angelegenheit?«

»In einer finanziellen Angelegenheit . . .«

Es war ein vornehmes Gebäude, gediegen eingerichtet, mit Beamten, die korrekt waren vom Scheitel bis zur Sohle.

Sie betrachteten mich mißtrauisch. Ich sah nicht sehr vertrauenerweckend aus. Mein Anzug war abgetragen, mein Gesicht verfallen.

Irgendein subalterner Beamter hörte sich an, was ich zu sagen hatte.

»Ich weiß von dieser Angelegenheit nichts. Ein ›Fall Cicero‹ ist hier amtlich nicht bekannt . . .«

Hätte mir Moyzisch damals einen Ausweis ausstellen sollen? ›Bazna, Elyesa, besondere Kennzeichen keine, ist für uns als Spion tätig. Wir bitten alle zuständigen Stellen, besonders die britischen, ihm seine schwierige Tätigkeit nach Möglichkeit zu erleichtern . . .‹ Für einen Beamten, der nur Unterlagen gelten läßt, hatte ich keine Unterlagen . . .

»Das Deutsche Reich hat mich betrogen! Die Bundesrepublik ist sein Rechtsnachfolger. Ich habe Ansprüche an Ihre Regierung . . .«

Meine Stimme hatte keine Überzeugungskraft. Ich sagte es still und hoffnungslos.

»Ich bin nicht zuständig. Es tut mir leid . . .«

Es war ihm anzusehen, daß es ihm gar nicht leid tat. Er beschäftigte sich mit einem Aktenstück und ließ mich deutlich erkennen, wie sehr ich ihn störte. So verließ ich ihn, weil das, was er zu tun hatte, sicher viel wichtiger war.

Es gab nichts, was mich daran gehindert hätte, mich vollends zu erniedrigen. Ich ging zu Herrn Jenke, dem Schwager des inzwischen zum Kriegsverbrecher gewordenen Ribbentrop.

Auch er hatte mit den übrigen Angehörigen der deutschen Botschaft auf der ›Drotningholm‹ die Türkei verlassen müssen, hatte dann eine Zeitlang in Baden-Baden gelebt und war schließlich um die Jahreswende 1949/50 in die Türkei zurückgekehrt. Er war wieder im Baufach tätig, genau wie in den Jahren, bevor ihn sein Schwager in den diplomatischen Dienst geholt hatte.

Ich war sein Diener gewesen. An ihn hatte ich mich gewandt, als ich mich den Deutschen als Spion anbot. Jetzt ging ich zu seinem Haus.

Ich wollte ihn bitten, mir zu helfen. Ich wartete lange auf der Straße, überlegte, was ich ihm sagen sollte. Er könnte bezeugen, daß ich für die Deutschen gearbeitet hatte, daß ich hintergangen worden war – er könnte mir vielleicht aushelfen – und sei es auch nur mit einer geringen Summe.

Ich klingelte. Ich sagte, wer ich sei. Man ließ mich vor der Tür warten. Es dauerte sehr lange.

Dann sagte mir ein Dienstbote, Herr Jenke bedaure, mich nicht empfangen zu können.

Zwei Tage später war Albert Jenke tot.

Er war mit ein paar Freunden auf dem Marmarameer gesegelt. Das Boot kenterte. Es war nur ein Unfall. Alle wurden gerettet. Nur Jenke lebte nicht mehr, als man ihn aus dem Wasser zog . . .

Die Zeitungen meldeten, sein Tod sei mysteriös. Eine amtliche Untersuchung wurde eingeleitet. Sie stellte als Ergebnis fest, Albert Jenke habe vor Schreck einen Herzschlag erlitten.

Ich konnte ihn nicht mehr um Hilfe bitten . . .

An einem Abend voller Depressionen setzte ich mich hin und schrieb einen Brief.

›An Seine Exzellenz Dr. Konrad Adenauer, Bundeskanzler, Bonn, Deutschland . . .‹

Ich überlegte lange und formulierte umständlich.

›Exzellenz! Der Unterzeichnete, Elyesa Bazna, erlaubt sich hiermit, Eurer Exzellenz nachstehend umschriebene Angelegenheit zu unterbreiten und die hohe Intervention Eurer Exzellenz zu erbitten, um das große mir zugefügte Unrecht wenigstens teilweise wiedergutzumachen. Ich war im Dienst der deutschen Botschaft in Ankara und trat während des Krieges, um aus reiner Sympathie dem Deutschen Reich Dienste erweisen zu können, in die Dienste der britischen Botschaft in Ankara über. Die großen Dienste, die ich draufhin unter Einsatz meines Lebens, meiner Freiheit, meiner Existenz und meines Rufes leistete, wurden mir mit falschen englischen Pfundnoten vergolten . . .‹

Es wurde ein langer Brief, ausführlich, unterwürfig, diktiert von bitterer Not. Er endete:

›. . . aus diesem Grund darf ich wohl auf eine wohlwollende und baldige günstige Erledigung meines vorliegenden Ansuchens rechnen und bitte Eure Exzellenz, meinen innigsten Dank und den Ausdruck meiner besonderen Hochachtung entgegennehmen zu wollen, ergebenst . . .‹

Nach Monaten bekam ich eine Antwort; Absender war das Auswärtige Amt, Bonn.

›Auf Ihr an den Herrn Bundeskanzler gerichtetes Schreiben vom 16. April 1954 darf Ihnen mitgeteilt werden, daß das Auswärtige Amt mit der Prüfung Ihrer Angelegenheit befaßt ist. Das Auswärtige Amt wird nicht versäumen, zu gegebener Zeit hierauf zurückzukommen. Im Auftrag . . .‹

Die Unterschrift war unleserlich.

Die ›gegebene Zeit‹ betrug vier Monate.

›Betrifft: Reklamation gegen das Deutsche Reich. Das Auswärtige Amt bedauert, sich nicht für Sie im Sinne Ihrer Ausführungen verwenden zu können . . .‹

Ich lebe . . .

Ich kaufe, verkaufe. Ich bin nicht umsonst ein Levantiner. Wir fallen immer wieder auf die Beine, wenn auch der Boden, auf dem wir landen, nicht immer mit kostbaren Teppichen belegt ist.

Im vergangenen Sommer bin ich mit Duriet, meiner Frau, nach Bursa gefahren. Im Omnibus, über ungepflasterte Straßen.

»Hier ist es wunderschön«, sagte Duriet leise.

Ich zeigte ihr die Pfirsichplantagen, den Uludag, die Thermalquellen.

Wir gingen ins Celik-Palas. Es ist ein prachtvolles Hotel geworden. Am Portal standen zwei himmelblau gekleidete Pagen, die beflissen die Türflügel vor uns aufrissen.

In der weiten, niedrigen Halle setzten wir uns in tiefe, weiche Sessel, besahen uns die Palmen in den schweren Töpfen, das rege Getriebe der Kurgäste, die Prospekte, die auf den Rauchtischen lagen.

Ich las Duriet den Prospekt vor.

Duriet hörte still zu. Aus dem ersten Stock drang leise Musik in die Halle. Das Orchester spielte Tischmusik. Wiener Walzer.

Ich sagte: »Wenn sie weiter nach meinen Plänen gebaut haben sollten, dann ist der Speisesaal lindgrün, und die Decke wird von elf Säulen getragen ...«

Wir blieben eine Stunde in der Halle. Dann verließen wir das Hotel. Wir hatten nichts verzehrt und auch nicht nach einem Zimmer gefragt.

Es ist ein exklusives Hotel.

Ich konnte mir die Preise nicht leisten ...